부동산 투자로
슈퍼리치
건물주 되어
세계일주 간다

부동산 투자로 슈퍼리치 건물주 되어 세계일주 간다
드림워커로 자본주의에서 승리하는 방법

초판 1쇄 발행 2023년 1월 21일

지은이 홍성준, 이영환
펴낸이 장길수
펴낸곳 지식과감성#
출판등록 제2012-000081호

교정 김우연
디자인 이현
편집 정슬기
검수 정은솔, 정윤솔
마케팅 정연우

주소 서울시 금천구 벚꽃로298 대륭포스트타워6차 1212호
전화 070-4651-3730~4
팩스 070-4325-7006
이메일 ksbookup@naver.com
홈페이지 www.knsbookup.com

ISBN 979-11-392-0898-6(03320)
값 18,000원

- 이 책의 판권은 지은이에게 있습니다.
- 이 책 내용의 전부 또는 일부를 재사용하려면 반드시 지은이의 서면 동의를 받아야 합니다.
- 잘못된 책은 구입하신 곳에서 바꾸어 드립니다.

지식과감성#
홈페이지 바로가기

부동산 투자로 슈퍼리치 건물주 되어 세계일주 간다

홍성준, 이영환 지음

프롤로그

　자신의 능력으로 직장 생활, 자영업 등 사업을 해서 돈을 버는 것은 한계가 있다. '돈이란 선한 종이요, 착한 주인이다'란 말대로 관리를 잘해서 잘 불리면 돈이 자신의 심복이 되어 평생 따르지만 관리를 잘못해서 원금 손실이 되면 돈의 노예가 되어 평생을 끌려 다닐 수밖에 없다. 버는 것보다 번 것을 잘 투자해야 되는 것이다.

　인생은 살아가는 것이 아니다. 살아남는 것이다. 살아남기 위해서는 적극적인 태도만으로 아주 미흡하기 때문에 공격적이고 투쟁적이지 않으면 안 된다. 부자가 되기 위해선 강력한 마인드가 필요하다. 언제 어느 시점까지 얼마를 모아 내 집 마련을 하겠다, 건물주가 되겠다는 강렬한 목표가 없다면 안 된다.

　자신이 목표한 금액의 부를 이룬 부자들의 영상과 책을 자주 보며 세미나에 참석해 기를 받아서 이미 부자가 된 것처럼 말하고 행동하고 공부하고 악착같이 돈을 모아 돈을 늘리기 위해 노력하고 노후에 편안하게 살 방법을 찾아야 한다. 부자 부모를 만나지 못했다면 스스로 자수성가해서 자녀들이 본인을 부자로 살면 된다.

　환경이 아무리 좋아도 스스로 노력하지 않으면 성과가 나지 않는다. 페라리에 엄청난 속도를 달릴 수 있는 튜닝을 해서 기계적인 성능은 준비가 다 되어 있어도 제일 중요한 간이 안 부으면 할 수 없다. 부자되는 방법을 아무리 알려 주어도 스스로가 불타올라야 한다. 휘발유, 숯, 나무, 신문지, 성냥, 라이터가 있는데 이 중에서 라이터, 성냥이 불을 일으켜야 나머지에 불이 타오르듯이 내가 먼저 부자가 되겠다는 마인드가 없으면 서민으로 태어나 절대로 부자가 될 수 없고 평범한 인생으로 마감한다.

돈이 전부가 아니지만 그래도 자본주의에서 돈이 있어야 원하는 삶을 살 수 있고 없으면 월급에 만족하며 다른 사람의 인생을 도와주기만 한다. 시간적 경제적 자유를 얻어 세계 일주를 떠나는 그날까지 슈퍼리치가 되길 간절히 기원한다.

· 차례 ·

프롤로그 4

Part 1. - 홍성준
드림워커가 되어 슈퍼리치가 되는 방법   11

1. 인생의 비전 설정 및 목표 달성 비법   12
2. 죽음 앞에 선 당신이 후회하지 않을 일을 해라   17
3. 꿈의 가계부 및 인생을 경영해 보라   18
4. 가장 빠르게 돈 버는 방법   19
5. 변화하는 트렌드에 맞춰 카멜레온처럼 변해야 살아남는다   22
6. 당신의 자녀도 금수저를 만들 수 있다   23
7. 여러분은 400조 1의 확률로 태어난 500억 원 가치가 있는 보물이다   26

Part2. - 이영환
부동산 투자 전략적으로 하는 방법   27

1. 재테크 및 투자 시 주의할 점   28
2. 역대 정권별 부동산 정책   31
3. 부동산 투자 수익은 수요 및 공급 국가 정보에 따라 올라간다   39

Part3. - 홍성준 / 이영환
부동산 투자의 종류　　　　　　　　　　　　43

1. NPL경매투자 - 홍성준　　　　　　　　　　44
　　1) NPL경매투자　　　　　　　　　　　　　44
　　2) NPL 투자 효과　　　　　　　　　　　　53
　　3) NPL 투자의 장점　　　　　　　　　　　54
　　4) NPL 수익 사례　　　　　　　　　　　　55

2. 아파트투자 - 홍성준　　　　　　　　　　122
　　1) 아파트 연구 30년, 아파트 60채, 부동산 자산 600억, 연 수익 15억　　122
　　2) 2018년 9·13 대책에도 불구하고 성공하는 아파트투자　　126
　　3) 공시지가 1억 원 이하 비규제지역 아파트가 오르는 지역　　127
　　4) 2023년 아파트 매매가와 전세가가 상승하는 지역은 어디인가?　　129
　　5) 초대박 터지는 분양권투자와
　　　　아파트 갭투자 35채 수익으로 압구정 아파트 매입　　130
　　6) 왜 부자는 다주택자가 많을까?　　　　133
　　7) 1,000% 수익률 나는 아파트투자　　　134

3. 신축 건축 사업으로 디벨로퍼가 되자 - 이영환　　137
　　1) 건축 시행　　　　　　　　　　　　　137
　　2) 건축 시공　　　　　　　　　　　　　166

Part.4 - 홍성준
부동산 세금 및 법률   **233**

1. NPL 세금   **234**
2. 2023년 주택 및 아파트 세금   **236**
3. 신축 사업 시 세금   **250**

Part5. - 홍성준
부동산 대출 전략   **255**

1. 신축 사업 시 부동산 대출 종류 및 금융 흐름도   **256**
    1) 에쿼티 대출 및 투자   **257**
    2) 토지담보대출, 기성고 대출   **257**
    3) 토지 잔금을 할 때 토지담보 대출과 기성고 대출   **258**
    4) 브릿지 자금 - 착공자금대출, 준공자금대출   **260**
    5) 운전자금 대출 - 사업자 주택담보대출, 준공 후 대환대출   **261**

2. 가계 대출 - 신용, 담보, 전세   **262**
3. NPL질권대출, 경락잔금 대출 알아보기   **267**

Part6. - 홍성준
향후 유망한 부동산 투자 전략   **275**

1. 타운하우스 택지 개발   276
2. 대기업 증권사 에쿼티 브릿지 투자   283
3. 토지 개발   286
4. 아파트 재개발 (신통기획, 모아타운, 상생타운)   290

에필로그   295

Part 1
드림워커가 되어 슈퍼리치가 되는 방법

1.
인생의 비전 설정 및 목표 달성 비법

　부동산 책인 줄 알았는데 왜 인생의 비전을 이야기하냐고 물어본다면 부동산 투자를 하는 목적이 무엇인지에 대하여 생각해 보라고 말해주고 싶다. 결국 현재보다 돈을 많이 불려서 집도 사고, 차도 사고, 은퇴하면 노후준비 하려고 하는 것이다. 요즘 5살, 7살 된 두 딸에게 밤 9시에 책을 읽어 주다 보면 필자도 모르게 꿈나라로 간다. 그러다 새벽 3~4시에 일어나면 잠도 오지 않고 갑자기 엄청난 아이디어가 떠올라 글을 쓴다거나 유튜브 콘텐츠가 생각나기도 한다.

　모두가 잠든 고요한 새벽 시간에 부동산 책도 읽고, 요즘 세상이 어떻게 돌아가는지 알기 위해 수많은 분야의 다른 책들도 읽어 본다. 그러다 '나는 무엇을 위해 이렇게 자본주의 사회에서 돈을 벌려고 노력하는가?' 하는 생각이 든다. 두 딸의 잠든 얼굴을 보며 코로나19나 오미크론의 위기에 어떻게 아이들을 굶기지 않고 키우나 생각하면서 돈을 더 많이 벌 생각만 한다.

　그런데 막연하게 돈을 벌겠다는 것이 아니다. 필자는 인생의 강력한 비전을 스스로 만들어서 매일 아침 설정한 목표를 어떻게 달성할지에 대해 끊임없이 내 안의 거인에게 물어본다. 비전과 목표는 매일, 1주, 1달, 분기별, 1년, 3년, 5년, 20년의 장기적 목표를 세우고 끊임없이 피드백을 받으면서 목표를 달성했는지, 왜 목표가 미달했는지 매일 체크한다. 안일한 생각으로 하지 말고, 여러분의 인생을 기업이라고 생각하며 경영을 해야 한다. 그리고 숫자 및 글로 구체적으로 써야 한다. 여러분의 잠자고 있는 내면의 거인을 깨워 잠재력의 폭탄의 뇌관에 불을 붙여야 한다.

여러분들이 생각하는 인생의 비전과 목표를 떠올렸을 때, 심장이 쿵쾅거리고 정말 간절히 이루고 싶은 욕망과 비전, 목표를 만들어 놓아야 인생의 큰 그림이 시작된다. 인생의 배와 비행기를 바다와 하늘로 띄우려면, 매일 가계부나 일기를 쓰면서 기록하는 습관도 추후에 정말 중요한 증거 또는 자료가 될 수도 있다. 그리고 자서전이나 책을 쓰실 때, 아이디어가 생기는 정보의 원천이 될 수도 있다. 인생의 꿈과 목표를 세웠으면, 언제까지 마감할 것인지 정해야 한다.

책을 쓸 때도 필자는 매주 월요일마다 마감 기한을 준다. 처음에는 왜 이렇게 압박하나 싶어도 결국 마감 기한이라는 목표를 세워 놓으니, 그 기한 안에 결과물을 내놓아야겠다고 생각해서 매일 시간이 날 때마다 열심히 책을 쓴다. 시간이 날 때마다 책을 쓸 자료를 찾고, 기존에 쓴 글을 뒤돌아보면서 블로그나 카페에 본인의 생각을 꾸준히 칼럼 형식으로 작성하다 보면, 10년 후에 자연스럽게 그 분야의 전문가가 될 것이다. 계획을 세워 놓고 아무것도 안 하면 꿈으로만 남지만, 바로 실행하여 달성하면 말로 설명하기 힘든 묘한 희열이 느껴지고 꿈에 가까워진다.

명확한 목표를 기록한 분들과 그렇지 않은 분들은 10배 이상 소득 차이가 난다고 한다. 필자가 흙수저에서 금수저 아빠로 바뀐 이유는 단 하나이다. 목표를 세우고 바로 되든 안 되든 실행에 옮겨 부딪히면서 실패도 하고 배우고 성공할 때까지 계속 도전하는 것이다. 그러다 보면 처음에는 빛이 보이지 않던 터널에서 빛이 보이기 시작한다. 자본주의도 그렇지 않던가? 마치 게임처럼 하나를 달성하면 더 높은 산이 보이고, 더 오르면 더 높은 산이 나오듯이 신이 나를 얼마나 대단한 사람인지 시험한다고 생각하고 달성하는 습관과 이기는 습관이 생기면 일이 게임같이 되고 즐거워진다. 그럼 돈을 따라가는 것이 아니라 돈이 나에게 달라붙는다는 느낌을 알게 된다.

목표는 구체적이고 달성 가능해야 한다. 현재 상황에서 가능한 범위 내에서 해 보고 달성하면서 점점 자신감을 붙이고 키워 나가야 한다. 항상 인생을 긍정적으로 바라보며 잠재의식을 깨워야 한다. 이미 성공해서 부자가 된 것처럼 행동하고 말해야 한다. 그래서 부자처럼 기품 있고 자신감 있게, 옷도 항상 깔끔하게 입어야 한다. 그럼 자동으로 돈이 따라오게 될 것이다.

그리고 목표를 세우면 3일 안에 바로 실행해야 한다. 매주 실행하고 피드백 받으면서 1년이고 3년이고 목표 달성할 때까지 하다 보면 목표 달성이라는 꿈을 이루게 될 것이다. 필자의 인생의 비전 설정과 목표 달성 비법을 알려 주겠다. 우선, 자신이 되고 싶은 것이나 이루고 싶은 것을 설정하고 나는 무조건 달성한다고 스스로 마법을 건다. 매일 새벽에 일어나 내 안의 거인에게 주문을 건다. 6가지 목표를 종이에 적어서 이것을 어떻게 달성할 수 있는지 물어본다.

'현재 어떤 점이 부족하고, 오늘 무엇을 해야 하나?' 인생에서 혼자 할 수 있는 것은 없다. 필자도 관련 전문가에게 연락해서 돈을 주고 배우거나 서비스를 받는다. 그리고 시각화시켜 눈에 보이는 곳에 이미지를 출력해서 붙여 놓으면 계속 생각나서 실천할 수 있는 동기부여가 된다.

여러분의 시간은 정말 중요하다. 그러니 인생에 가치를 부여해서 중요한 것을 발견해야 한다. 만약에 내가 죽으면, 돈이 있나? 내 가족은 어떻게 살아남을 것인가? 아이들의 미래, 부모님과의 시간, 효도를 어떻게 할 것인가? 그동안 두려움과 실패할 것이라는 생각으로 아무것도 못 한 자신에게 잔소리해 보아야 한다. 여러분이 진정 원하는 것을 매일 적어서 달성하다 보면 꿈에 점점 다가가는 자신의 모습을 발견하게 된다.

다양한 부동산 책이나 자기 계발서를 읽고 나머지 필요한 분야의 정보는 인터넷이나 유튜브에서 쉽게 찾아볼 수 있다. 여러 정보를 보고 바로 벤치마킹해서 따라 해 보면 좋다. 핸드폰도 메모하는 기능이 있지만, 밴드나 블로그를 추천한다. 생각나는 아이디어나 책이나 유튜브에 쓸 재료를 항상 체크하고 나중에 필요할 때 쓰면 도움이 많이 된다.

여러분 인생의 비전은 무엇인가? 목표를 달성하기 위해 나는 얼마나 노력하고 있는지, 내 가슴에 손을 올리고 가족을 생각하며 양심적으로 물어보면 안다. 그렇게 하면 안 되는 핑계를 접어 두고 바로 도전하여 성공하는 여러분과 만나게 된다.

2.
죽음 앞에 선 당신이 후회하지 않을 일을 해라

    2023년이 되면서 필자는 42세가 되었다. 이제 아내가 필자를 보고 40대 아저씨라고 놀린다. 22살 때 아무것도 가진 것 없이 서울에 올라와서 많이 발전했다는 마음으로 항상 초심으로 돌아가 열심히 살겠다고 생각한다. 예전에 어느 강의에서 당신이 죽을 때까지 일하면 얼마나 모을 수 있겠냐고 하더라. 돈으로 모으진 않고 꿈대로 수익형 부동산을 사서 보유할 것이다.

    99세가 되던 날 저승사자가 다음과 같이 질문한다면 어떻게 할 것인가. "당신은 내일 하늘나라로 간다. 그런데 당신이 모은 1,000억을 어려운 사람들에게 기부하면 다시 40세 또는 원하는 나이대로 갈 수 있게 해 주겠다. 당신은 무슨 일을 해서 다시 시행착오 없이 1,000억을 다시 모을까?" 여러분이 신과 거래해도 다시 도전하고 싶은 그런 후회 없는 삶과 일을 선택해서 한다면, 무덤에 도착하였을 때 그래도 인생 잘 살았다는 생각이 들 것이다. '누가 내 무덤에 와서 나에게 작별인사 해 줄까?' 하고 혹시 생각해 본 적 있는가? 인생은 길다면 길고, 짧다면 짧은 것인데 싸우지 말고 행복하게 즐겁게 원하는 인생을 살기 바란다.

3. 꿈의 가계부 및 인생을 경영해 보라

회사를 운영하다 보면 매달 월급에, 세금에, 월세에, 광고비에, 운영비 등 돈이 너무 많이 든다. 비품, 식대, 교통비, 소모품비, 접대비 등의 비용을 절약하고 어떤 전문가를 쓰거나 회사비품을 살 때도 신중하게 가격 비교를 해서 회사에서 쓰는 돈이 내 부모님, 우리 가족의 돈이라는 생각으로 써야 한다. 가정의 가계부나 기업의 재무 관리할 때 매달 이익을 내고 있는지, 계획을 잘해서 쓰고 있는지 등 체크를 잘해야 회사가 끊임없이 발전한다. 가정에서도 마찬가지이다. 벌어 온 돈을 쇼핑에 펑펑 써 버리면 언제 집을 사고, 언제 더 넓은 집으로 이사 가고, 아이들 교육비는 언제 모으는가? 꿈의 가계부를 회사 운영하듯이 매일, 매주, 매달, 분기별, 1년 단위로 회의하고 체크해야 한다. 세무사에게 잔소리를 들으면서 해야 한다. 그래야 여러분의 회사에 사옥을 만들 수 있지 않을까?

4.
가장 빠르게 돈 버는 방법

　알버트 아인슈타인께서 말하길, 어제와 같이 살면서 다른 미래를 기대하는 것은 정신병 초기 증세라고 한다. 그럼 바로 계획을 세우고 곧장 도전해야 한다. 월급만 모아서는 절대 부자가 될 수 없다. 따라서 돈 버는 시스템을 구축해야 한다. 부동산 서적, 경제 신문 등에서 필요한 정보를 습득하고 전문가를 만나 상담을 해 보는 것도 좋다. 부동산은 정보싸움이라 어떤 정보를 선택하느냐에 따라 수익률이 달라진다. 안정성, 수익성, 환금성 등을 모두 따져 보고 잘 선택해야 한다.

　참고로 좋아하는 작가의 책인 『이지성의 꿈꾸는 다락방』을 읽으면서 꿈을 매일 생생하게 설정하고 바로 실행하는 습관이 생겼다. 처음부터 잘하는 사람은 없다. 하지만 고민만 하면 아무것도 안 되고 일단 도전하면서 깨지고 배우면서 내 기술을 만들어야 한다. R=VD라고 들어 보았을 것이다. 'Realization 이루어진다=꿈을 이루려면 Vivid 생생하게, Dream 꿈'을 이미지화시켜 출력해서 눈에 매일 보이는 곳에 두어야 한다.

간절한 꿈을 이루려면 어떻게 해야 하는지 내 안의 거인에게 물어보고, 전문가를 찾아서 수업료를 내고 배우면서 그것을 자기만의 기술로 만들어 상품도 만들고 나만의 무기가 되는 플랫폼을 만들어야 한다. 회사 다니면서 월급 받는 것에 만족하지 말고 항상 퇴근하거나 쉬는 날에도 언젠가 나만의 회사를 만든다는 생각으로 준비해야 갑자기 회사가 부도나거나 없어져도 바로 일어날 수 있다.

자본주의에 영원한 승자는 없다. 권오현 저자가 쓴 『초격차: 리더의 질문』이라는 책이 있다. 책의 내용에 따르면 항상 도전하고 창조하고 전문가와 협력하는 것이 중요하며, 누군가는 어떤 회사에 들어가 평범하게 끝나는 사람도 있지만, 탁월한 인재는 사장이라는 자리까지도 올라간다고 한다. 꿈이 있는 사람은 무조건 돈을 번다. 단, 현실적인 목표를 매일, 매주, 매달, 분기별로 피드백과 회의를 통해 세우고, 고인물이 되면 안 된다. 항상 회의하고 새롭게 다가가야 한다. 직장이나 사업도 중요하고 부동산 투자도 중요하지만, 건강을 잘 지키면서 자기 계발을 게을리 하면 안 된다. 도박이나 내기로 인생을 망쳐도 안 된다.

통장은 목적별로 만들고 가족의 보험이나 단기, 중기, 장기적인 관점으로 바라보고 미리 준비하면 좋다. 그리고 부자들의 모임이나 기업 대표들의 모임, 조찬 모임 등에 참석하여 항상 학습하고 정보를 공유하고 인맥을 쌓아야 한다. 회사 조직이나 마음이 맞는 사람들과 항상 돈 많이 버는 방법을 찾고 공유하는 모임을 만들어 정보에 항상 열려 있어야 한다. 항상 부자가 된 듯이 행동하고 깔끔하게 입고 다니면 돈이 붙기 시작한다. 하루는 24시간=1,440분이다. 부자들은 이 시간을 정말 탁월하게 사용하여 수많은 아이디어로 작품을 만들어 낸다.

  항상 긍정적으로 많은 사람과 친하게 지내고, 칭찬도 하고, 많이 웃다 보면 복이 들어온다. 좋은 에너지를 가진 사람에게는 항상 사람들이 붙어 있다. 그러나 자본주의는 냉정하다. 경쟁에서 치열하게 계산하여 이기는 습관을 지닌 부자들을 분석해 보면 사업소득과 부동산 투자가 답이다. 사업 아이템을 항상 준비하고 자본주의에서 사람들이 어떤 서비스를 필요로 할지 끊임없이 고민하고 준비해야 한다. 그리고 부자들은 약속 시간을 정확히 지킨다. 항상 약속 시간 10분 전에 도착해서 준비하면 첫인상부터 관계 유지에도 신뢰가 생긴다.

  부동산 투자는 전문가 멘토를 만나 끊임없이 소통해야 한다. 그러다 보면 좋은 정보를 알게 되고 새로운 경험과 교육의 기회를 얻게 된다. 여러분에게 책에서 알려 주지 못한 더 특별한 노하우들도 있다. 만약 이 책을 읽고 필자에게 도움을 요청한다면 여러분의 상황에 맞게 많은 정보를 주도록 하겠다. 필자가 성공했던 노하우만 담아 알려 주겠다.

5.
변화하는 트렌드에 맞춰
카멜레온처럼 변해야 살아남는다

　시대가 변함에 따라 부동산 투자의 방법도 점점 다양해지고 있기 때문에 항상 공부하는 습관을 들이기 바란다. 필자도 시간만 생기면 책을 읽고 부동산 세미나 및 자기 계발 모임이나, 새로운 인맥을 만들기 위해 노력하며 그들로부터 정보를 얻어서 필요한 정보만 걸러 낸다.

　은퇴는 끝이 아니라 새로운 시작일 수도 있다. 은퇴한 시점에서 아직 여유로운 은퇴자금을 만들지 못했다면 100세 인생이라고 생각하고 좋아하는 분야를 배우고 코로나 시대에 ZOOM, 유튜브, SNS 마케팅도 열심히 배우고, 책도 쓰고 본인의 브랜드를 만들어 현재 하고 있는 일에 대한 전문성을 부각시켜 문의를 많이 받을 수 있는 사업을 할 수 있도록 여러분도 많이 배우고 자기 기술로 접목해야 한다.

6.
당신의 자녀도 금수저를 만들 수 있다

다음은 본인이 금수저인지 알아볼 수 있는 표로(SNS에서 떠도는 수저론 기준표를 참고했다), 15개 이상 해당하면 금수저이다.

다이아몬드 수저: 자산 30억 원 이상 또는 가구 연 수입 3억 원 이상 상위 0.1%라고 한다.
금수저: 자산 20억 원 이상 또는 가구 연 수입 2억 원 이상, 상위 1%라고 한다.
은수저: 자산 10억 원 이상 또는 가구 연 수입 8,000만 원 이상, 상위 3%라고 한다.
동수저: 자산 5억 원 이상 또는 가구 연 수입 5,500만 원 이상, 상위 7.5%라고 한다.
놋수저: 자산 1억 원 이상이라고 한다.
플라스틱 수저: 자산 5,000만 원 이상이라고 한다.
흙수저: 자산 5,000만 원 이하와 가구 연 수입 2,000만 원 이하라고 한다.

1. 자가 집 시세가 20억 원 이상이다.
2. 세뱃돈을 100만 원 넘게 받아 본 적 있다.
3. 아르바이트를 한 번도 안 해 봤다.
4. 집에 드레스 룸과 파우더 룸이 있다.
5. 부모님 혹은 본인이 골프, 승마 같은 취미 생활을 한다.
6. 부모님 월 순수소득이 2,000만 원 이상이다.
7. 백화점에 옷을 자주 산다.
8. 부모님이 의사, 판검사, 중소기업 사장, 대기업 임원이다.
9. 호텔 뷔페나 비싼 레스토랑에서 가족 단위의 외식을 자주 갖는다.
10. 호텔에서 열리는 파티에 부모님을 따라가 본 적이 있다.
11. 부동산 재산이 10억 원 이상 있다.
12. 대학생의 경우 한 달 용돈이 100만 원 이상이다.
13. 해외여행을 자주 다닌다.
14. 어머니 옷장에 500만 원 이상의 명품 가방이 5개 이상 있다.
15. 아버지가 1,000만 원 이상인 시계를 차신다.
16. 부모님이 정기적으로 대학병원에서 건강검진을 받는다.
17. 가사도우미를 쓴다.
18. 부모님이 뮤지컬, 연주회, 전시회를 주로 다닌다.
19. 집에 차가 3대 이상이다.
20. 집에 방이(드레스 룸과 파우더 룸 미포함) 5개 이상이다.
21. 집에 화장실이 3개 이상이다.
22. 부모님 명의로 된 건물이 있다.
23. 사립초등학교 출신이다.
24. 학원이나 과외비용으로 200만 원 이상 지출한다.
25. 무엇인가를 하려고 할 때 적어도 돈 때문에 걱정해 본 적이 없다.

15개 이상이 되면 금수저 이상이다. 필자도 태어날 때는 흙수저나 놋수저인 듯하다. 지금은 자녀들에게 금수저라고 이야기해 줘도 될 것 같다. 그리고 자녀들이 성인이 되어 필자가 하늘나라를 가더라도 자본주의 전쟁에서 살아남는 방법을 다 전수해 주고 싶다. 물고기를 주지 말고 물고기 잡는 방법을 알려 주어야 한다.

7. 여러분은 400조 1의 확률로 태어난 500억 원 가치가 있는 보물이다

필자는 400조 1의 확률로 세상에 태어난 이미 로또 맞은 삶이고, 빈손으로 와서 이 정도면 아주 대박 난 삶이기에 감사한 마음으로 살고 있다. 그리고 필자는 세계에서 단 하나밖에 없기에 세계 최고의 명품 브랜드이다. 사람은 스스로 누구라고 라벨링을 붙인 이름대로 믿고 살게 된다. 그래서 나는 이 세상에서 가장 귀한 보석이다. 그리고 이 세상에서 가장 운이 좋은 사람이라고 라벨링을 붙이고 믿고 산다. 여러분 역시도 세계에서 단 하나밖에 없는 명품 브랜드이기에 각자 내가 최고라고 생각하고 황금 같은 지금을 행복하게 살아야 한다.

Part 2
부동산 투자 전략적으로 하는 방법

1.
재테크 및 투자 시 주의할 점

    투자는 너무 힘들다고 하는 사람들이 많다. 주식 투자해서 잃고 코인 투자해서 잃는 사람들을 볼 때마다 답답하다. 재산권 확보가 되지 않는 투자는 처음부터 하지 않는 편이 좋다. 대부업을 하는 대표가 있다. 돈을 빌려줄 때 제일 쉬운 건 담보대출이라고 한다.

    만약 투자할 때도 마찬가지다. 필자는 높은 수익률의 투자를 하기 보다는 연 20% 수익이 나더라도 담보가 있는 재산권이 있는 투자를 선호한다. 차 대출에서도 보관 대출이라고 안 갚으면 바로 매매상에 팔아서 돈을 회수하므로 원리금 보장이 되어 이자가 싼데 운행대출은 돈을 안 갚거나 차량도 안 가져오고 도망 다니고 대포차로 날리는 고객들이 많아 이자가 비싸다.

    그런데 여기서 주식과 코인은 필자에게는 운행대출 같은 것이다. 통제가 가능한 투자를 하면 잃지 않는다. 투자는 보관 대출같이 내 차가 팔릴까 채무자가 먼저 전화하는 투자를 해야 한다. 돈 받으러 쫓아다닐 일이 없어야 제대로 된 투자이다. 나중에 돈을 회수하기 위해 항의하거나 따지거나 독촉하거나 소송을 해야 할 가능성이 조금이라도 있다면 안 하는 게 좋다.

금융권에서 담보대출 할 때처럼 냉정한 재테크를 해야 한다. 자기 명의로 된 투자를 한다면 경매로 넘어간다고 하더라도 투자금과 수익금을 건질 수 있는 투자를 해야 한다. 공부도 하고 자기 계발을 하지 않고 남의 말만 믿고 투자해서 돈을 잃으면 안 된다. 사기꾼에게 당하지 않기 위해서는 안전한 담보가 있는 투자를 해서 사기꾼을 구별하지 못해 돈을 잃는 일이 없어야 한다.

필자는 왜 부동산 투자만 하냐고 물어보면 통제 가능한 투자를 해야 장기적으로 투자금을 잃지 않고 수익을 볼 수 있다. 워런 버핏의 '절대로 잃지 마라'는 명언이 있는데 장기적으로 수익을 높이기 위한 자기만의 철칙이 있어야 한다.

대부업이나 사채업을 하는 사람들에게도 배울 점은 강력한 재산권 확보이다. 배신하면 국가에서 법률로 싸워서라도 투자금과 수익금까지도 받아 낼 수 있는 장치를 하고 투자한다고 생각하고 이것만 명심한다면 투자금을 잃었다는 기사에 나오지 않는다.

필자가 이 부분을 강조하는 이유는 많이 버는 것보다 내 돈을 지키는 일이 훨씬 어렵다는 걸 알려 주는 것이다. '로스차일드' 가문이 부자가 된 방법이 있다. '로스차일드'라는 뜻은 그들의 집 대문에 그려진 붉은 방패를 뜻하는 것에서 알려져 왔다. 로스차일드 1대인 마이어 암셀

역시 은행의 심부름꾼으로 시작했다. 11살 빌헬름 공이 나폴레옹 군대에 쫓길 때 목숨을 걸고 그의 차관 장부를 지켜 내게 되어 빌헬름 공은 그를 진심으로 믿게 된다.

결국 마이어 암셀은 유럽 각국의 돈을 수금할 수 있는 권리를 획득하게 된다. 이 이야기를 하는 이유는 필자는 이런 마이어 암셀 같은 사람이 되어야겠다는 가치관을 알려 주고 싶은 마음이다. 필자가 직접 투자하던 간접투자로 고객에게 투자를 소개할 때는 이 이야기의 철학과 가치관을 마음에 품고 재테크와 투자를 한다면 고객에게 신뢰를 드리고 부를 쌓을 때 중요한 나와의 약속이 되지 않을까 하는 마음이다.

2.
역대 정권별 부동산 정책

　최근 급격한 주택 가격 상승으로 인해 다주택자가 상위 1% 반열에 공식적으로 안착되었고 주택을 소유한 자와 그렇지 못한 자 간에 빈부격차가 극심해졌다. 이러한 현상이 최근에만 나타난 기이한 현상일까? 또는 과거에도 과연 반복되었을까?

　조선시대 전기에는 많은 농지를 소유한 다농지자가 상위 1%였다. 양반들은 농민들에게 농지를 빌려주고 소작료를 받아 돈을 벌었다. 표면상으로 나타난 양반이란 신분을 유지할 수 있었던 이유는 많은 농지를 소유하며 부를 유지할 수 있었기 때문이다.

　조선시대 후기에는 오랜 전쟁으로 인해 나라가 피폐해졌다. 반면 이를 극복하기 위해 많은 변화들이 생겨났다. 그중 하나가 농업생산력의 향상이다. 열심히 일한 농민이 많은 양의 수확물을 가져가게 되면서 농민도 부자가 되는 현상이 발생했고 양반의 전유물이었던 다농지자의 지위가 농민에게서도 나타났다. 그러면서 농민도 상위 1%에 속하게 되는 부의 계층 이동이 발생했다.

현재는 회사에 출퇴근하며 생계유지의 기반을 마련해 주는 주택이 과거 농지의 역할을 대신하고 있다. 그래서 주택을 많이 보유한 다주택자가 대부분 상위 1%에 속해 있다. 즉 토지의 소유권이 부로 이어지는 현상은 과거나 지금이나 변하지 않고 지속되는 원리임을 알 수 있다.

조선시대의 산업은 어떠했을까? 당시는 농업이 산업의 중심이었다. 비옥한 토지가 많아 농업하기에 유리한 전라, 경북 권역 많은 부가 흘렀다. 농업은 농지를 중심으로 하기 때문에 여러 지역에 걸쳐 퍼져 있는 경향을 보였다.

조선시대 후기부터는 농업생산력이 향상되면서 이전보다 일하는 사람이 적어도 수확량이 더 많아지면서 잉여 노동력이 생겨났다. 그 노동력은 다른 일자리를 찾아 흩어졌고 일부는 한양과 같은 상업지역에 모여 상업으로 생계를 이어 갔다. 여전히 산업의 중심은 농업이었지만 일부분 한양에 집중되는 현상으로 인해 한양의 인구는 증가했고 기와집 가격의 상승으로 이어졌다.

현재는 산업의 중심이 IT를 기반한 지식산업이다. 지식산업은 농지나 공장을 필요하지 않아 우수한 노동력이 집중되어 있는 수도권에 모여 있기 마련이다. 그래서 일자리를 찾아 수도권으로 모여드는 사람들은 갈수록 늘어나고 있고 주택 가격 또는 지속 상승하고 있다.

GDP (국내 총생산량)

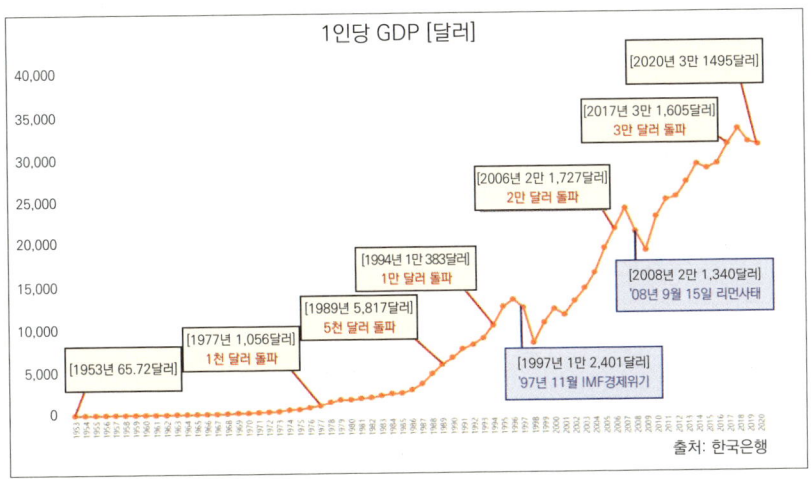

1945년 해방 이후 1948년에 대한민국 정부가 수립되었고 농업, 경공업, 중공업, IT산업 순으로 지속적인 산업의 발전을 해 왔다. 1953년에 1인당 GDP는 65.72달러에 불과한 빈민국이었지만 현재는 3만 달러가 넘는 선진국으로 500배 이상 경제 성장을 이루었다. 70년 만에 빈민국에서 선진국으로 성장한 것은 전 세계 신기록이다. 1997년 IMF 경제위기와 2008년 리먼 사태 위기가 있었지만 전 국민이 함께 지혜롭게 잘 극복했기에 가능했던 성과이다.

주택 가격도 경제 성장에 맞춰 지속적인 상승 흐름을 보였다. 해방 직후에 100원도 채 되지 않았던 주택 가격이 현재는 수억 원에서 수십억 원에 달한다.

초대 대통령이었던 이승만 정권 시절에는 주택에 대해 완화 정책으로 정부 주도하에 주택을 공급했다. 1958년 서울 종암 아파트 17평의 가격은 25만 원이었고 평균 급여가 742원인 것을 감안하면 한 푼도 쓰지 않고 28년간 저축해야 구입할 수 있었다. 1인당 GDP 81달러였던 시절이다.

박정희 정권 때 18년간은 엄청난 경제 성장과 함께 부동산 개발이 이루어졌다. 정권 초기에는 개발을 촉진하기 위해 완화 정책을 펼쳤지만 급격한 경제 성장으로 부동산 개발이 과열되어 부동산 시장에 대해 분양가 상한제를 도입하는 등 규제로 방향을 바꾸었다. 1978년 선분양 제도가 생겨 국가는 토지를 제공하고 돈이 없는 건설사도 선분양받은 돈으로 건설을 진행할 수가 있어서 많은 돈을 벌었다. 1973년 반포주공 1단지 32평 분양 가격이 560만 원이었고 평균 급여는 1만 3,500원이었다. 월급을 한 푼도 쓰지 않고 34년간 저축해야 구입할 수 있었다. 1인당 GDP는 1,723달러로 무려 2,081%나 올랐다. 1970년대 강남땅을 구입했던 그분들은 현재 엄청난 부자로 살고 있다. 정치인, 기업 총수 등 개발을 주도했던 관계자들은 핵심 개발 정보를 이미 알고 있었을 것이다. 경부고속도로가 만들어지고 1977년 압구정 현대 아파트가 만들어졌다. 현재 압구정 현대아파트 가격은 80평에 80억 원에 거래가 되었다. 곧 100억 원도 넘어갈 것이다.

전두환 정권은 박정희 정권의 주택 정책에 이어 지속적인 규제 정책을 이어 갔다. 다만 민간 택지개발을 공영 택지개발로 변경하여 개발했다. 압구정 일대는 박정희 정권 때 개발되어 대부분 민간 아파트가 많지만 개포, 목동, 노원 등에는 전두환 정권 때 개발되어 대부분 공영 아파트이다. 1980년 지하철 2호선이 개통이 되었고 1986년 올림픽 대로가 만들어졌다. 1986년에 잠실 아시아 선수촌 아파트 30평 분양 가격이 4,020만 원이었다. 평균 급여 20만 원인 것을 감안하면 16년간 한 푼도 쓰지 않고 저축해야 아파트를 살 수 있었다. 1인당 GDP는 1987년 3,555달러로 106% 올랐다.

노태우 정권 때도 주택 가격 상승이 지속되었기 때문에 주택 규제 정책을 이어 갔다. 다만 1기 신도시 및 주택 200만 호의 대규모 공급 정책을 통해 주거 안정을 위한 실질적인 대책을 세워 나갔다. 1988년에는 우리가 잘 알고 있는 서울 88올림픽을 개최했다. 전국 주택 매매가는 69%, 전세가는 82%, 서울 주택 매매가는 70%, 전세는 92% 상승했다. 주택 가격은 1991년 강남 일대 34평 아파트 1억 3,000만 원으로 23년간 한 푼도 쓰지 않고 저축해야 아파트를 살 수 있었다. 1992년 1인당 GDP는 8,125달러로 128% 상승했다.

김영삼 정권 때는 노태우 정권의 효율적인 주택 공급 정책으로 주거가 안정되었다. 그래서 주택에 대한 특별한 규제 정책은 나오지 않았고 다만 금융실명제, 부동산실명제를 통해 투명한 금융거래를 유도했다. 정권 말기인 1997년에는 IMF 외환위기가 왔고 위기 상태로 다음 정부에 정권을 넘겨줬다. 강남 일대 아파트 34평 매매가는 2억 5,000만 원이었다. 23년간 한 푼도 쓰지 않고 저축해야 아파트를 살 수 있었다. 1997년 1인당 GDP는 1만 2,401달러로 52% 상승했다.

김대중 정권은 IMF 외환위기를 극복해야 하는 상황이었기 때문에 주택 완화 정책(세금, 대출)을 펼쳤고 위기를 완전히 극복한 후반기에는 주택 가격이 상승하여 규제 정책으로 변경했다. 다만 도심 개발에 대해서는 지속적인 억제 정책을 펼쳤다. 외국인에게 부동산을 개방하고 2002년 대출 LTV 제도를 도입했다. 1998년 금모으기 운동을 했고 2002년 한일 월드컵이 열렸다. 2001년 강남 일대 아파트 34평 시세는 4억 원으로 24년간 한 푼도 쓰지 않고 저축해야 구입할 수 있었다. 전국 매매가는 38%, 전국 전세가는 62%, 서울 매매가는 59%, 서울 전세가는 68% 상승했다. 1인당 GDP는 2002년 1만 3,164달러로 6% 올랐다.

노무현 정권은 주택 가격이 상승하고 있었기 때문에 줄곧 규제 정책(세금, 대출)을 펼쳤다. 도심 개발에 대해서도 진보 정권의 취지에 맞게 지속적인 억제 정책을 펼쳤다. 2005년 강남 일대 아파트 34평 시세는 7억 5,000만 원이었다. 37년간 한 푼도 쓰지 않고 저축해야 살 수 있는 가격이었고 전국 매매 33%, 전국 전세 11%, 서울 매매 56%, 서울 전세 11%의 아파트 가격이 올랐다. 2007년 GDP는 2만 4,088달러로 82% 올랐다.

이명박 정권은 도심 개발을 위해 강력한 재건축, 재개발 정책으로 대대적인 주택 공급 정책을 펼쳤다. 그리고 단기적인 주택 가격 상승을 막기 위해 보금자리론이라 불리는 반값 아파트를 사전 분양을 통해 제공하여 주거 안정을 취했다. 리먼 사태를 통해 일시적인 가격 하락 후 이를 극복하며 주택 가격이 상승세로 전환되었다. 하지만 효율적인 공급 정책으로 임기를 마칠 때까지 주택 가격이 보합을 이루며 주거가 안정되었다. 그래서 대출 및 세금에 대해서는 비교적 완화된 정책을 펼쳤다. 2009년 판교 테크노 밸리가 생기고 2011년 신분당선이 개통되었다. 2010년 강남 일대 아파트 34평 시세는 10억 원으로 한 푼도 쓰지 않고 37년간 저축해야 구입할 수 있었고 전국 매매 15%, 전국 전세 39%, 서울 매매 -3%, 서울 전세 32%의 아파트 가격이 올랐다. 2012년 GDP는 2만 5,458달러로 5% 올랐다.

박근혜 정권은 초기에 전 방위적인 주택 규제 완화 정책을 펼쳤고 시장이 살아나고 주택 가격이 오름세로 돌아서면서 후반기에는 규제로 방향을 바꾸었다. 다만 도심 개발에 대해서는 줄곧 지원 정책을 펼쳐왔다. 2015년 강남 일대 아파트 34평형 시세는 13억 원이었고 한 푼도 쓰지 않고 40년간 저축해야 살 수 있었다. 전국 매매 10%, 전국 전세 21%, 서울 매매 12%, 서울 전세 29%의 아파트 가격이 상승했다. 2016년 GDP는 2만 9,287달러로 15% 올랐다.

문재인 정권은 주택 가격이 상승하고 있는 상황이었기 때문에 규제 정책을 펼쳤다. 분양권, 세금, 대출 등을 규제했다. 2018년 대출 DSR, 신 DTI가 생기고 2020년 임대차 3법(전세 기간 2년+2년 연장, 전세금 변동 5% 상한선 적용, 전월세 신고제 도입) 등을 적용했다. 도심 개발에 대해서도 진보 정권의 취지에 맞게 지속적인 억제 정책을 펼쳤다. 2021년 강남 아파트 34평 시세는 30억 원이었다. 2021년 GDP는 3만 4,870달러로 19% 상승했다. 서울에 9호선까지 생기고 이제 GTX까지 예고되었다.

앞으로 주택 시장의 상황에 따라 주택의 규제와 완화를 시키고 정권에 따라 도심의 개발과 억제를 반복하며 결국 인플레이션으로 인해 부동산 가격은 더 올라간다. 과거 역사를 보며 미래를 그려 보길 바란다. 부동산을 가진 자는 더 부자가 되고 그렇지 못한 자는 더 가난해진다. 결국 부익부 빈익빈이다. 부자들은 이런 변화를 알고 있다. 끊임없이 정보를 알아 가고 공부하며 부를 더 늘려 가고 있다. 2022년 3월 10일, 20대 대통령선거에 윤석열 대통령이 당선되었다. 앞으로 5년의 변화를 예상하면 재건축과 재개발의 완화 정책이 이어질 것이고, 전국적으로 아파트 투자자들의 관심이 높아질 것이다. 용적률 상향을 통해 정비 사업의 사업성을 높여 강력한 도심 신규 아파트 공급의 추진이 이루어질 것이라 예상한다. 투자자들을 겨냥한 과도한 부동산 세제와 주택 대출 규제가 완화될 것이다.

3.
부동산 투자 수익은 수요 및 공급 국가 정보에 따라 올라간다

 인간은 태어나서 결혼을 여자는 32세, 남자는 38세에 한다고 가정하면 평균 수명이 83세 정도라고 할 때 50년 정도 주택에 거주한다. 직장을 다니고 사업을 하기 위해 아이들을 키우기 위해 상황에 따라 주택의 형태는 바뀌게 된다. 필자도 어렸을 때는 일반 단독주택에 사는 일이 많았고 살다 보니 정말 많은 주택의 종류를 경험했다. 경제 수준이 높아지고 시간이 지나면 사람들의 욕망이 증가하고 생활수준의 향상으로 이어진다. 더 넓은 주택을 선호하게 되고 더 나아가 주택을 주거로만 사용하지 않고 부동산의 임대 수익을 원하며 노동 수익보다 부동산으로 여유로운 노후생활을 꿈꾸고 있다. 지속적인 성장의 변화가 발생한다. 우리는 이러한 변화에 흐름을 파악하기 위해 끊임없이 공부하고 정보를 알아보고 트렌드에 뒤처지지 않게 부동산의 수요에 대해 파악해야 한다.

 학업, 취업, 결혼, 이혼, 사망으로 가구 수의 증가 또는 감소의 변화가 나타난다. 통계청은 2040년도까지 가구 수가 증가할 것으로 전망하고 있다. 산업이 발전하여 일자리가 늘어나면 주택이 필요하고 사람이 늘어나면서 주택이 공급이 이루어지는 시점까지 가격이 상승한다. 여기에 디벨로퍼와 투자자는 수요와 공급을 비교하며 가성비 높은 투자를 한다. 공급이 많을 때 저렴한 가격으로 매입해서 공급이 적을 때 보유하며 시세 차익을 누리고 전월세의 임대수익으로 운영해 나간다.

아파트와 빌라 가격 추이

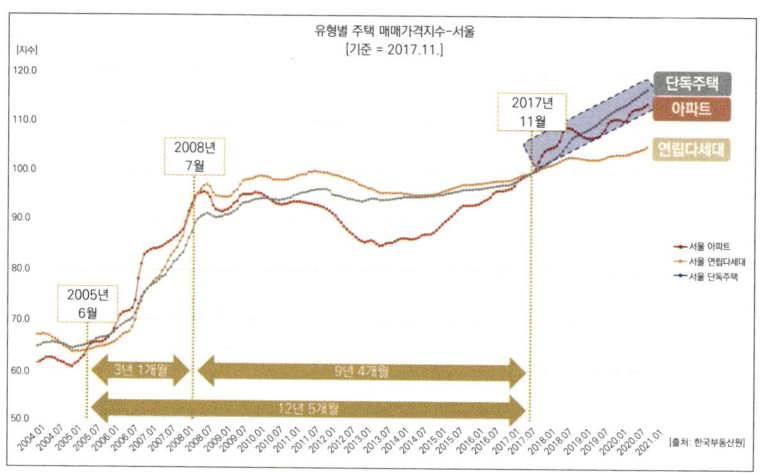

서울은 단독주택, 아파트, 빌라의 가격이 모두 꾸준히 상승한다. 취업을 하고 결혼하고 내 집 마련을 시작하는데 나이가 들면서 월세에서 전세나 매매 형태로 원룸에서 아파트, 빌라, 단독주택으로 전환된다. 가계의 소득과 생활수준이 향상되면서 더 넓거나 최신식 주택으로 옮겨 가려는 교체 수요가 발생한다. 국토교통부의 발표에 따르면 매년 10만 채의 교체 수요가 생긴다고 한다.

투자를 할 때 산업과 주택의 수요는 중요하다. 직주근접이란 표현이 많이 나오는 건 산업이 들어서는 곳에 일자리가 생기고 가까운 근무지 주변에 주택이 필요하기 때문이다. 그래서 디벨로퍼나 투자자는 수요를 예측하고 미리 투자를 선점하고 토지를 사서 주택을 공급해야 이익을 가져갈 수 있다.

대표적인 사례가 판교처럼 IT산업의 발달로 판교 테크노밸리에 일자리가 증가했고 그곳에 출퇴근하는 사람들이 거주할 주택이 부족해서 가격이 엄청 상승했다. 화성, 동탄, 평택도 제조업 위주의 대기업이 들어와서 인구가 늘어나고 주택 가격이 상승했다. 정보가 빠른 투자자들은 이곳에 부동산을 미리 선점하여 투자 수익을 내는 것이다. 그리고 역세권과 철도 교통망이나 도시개발계획의 정보를 항상 눈여겨보면 유효한 개발 호재를 알 수 있다. 이러한 정보는 부동산 시장에서 가치를 결정하는 조건 중의 하나이다. 국가 철도 공간 홈페이지(www.kr.or.kr)에 접속하면 국가 철도망 구축계획(2016~2025)이 나와 있고 꾸준히 정보가 업데이트된다.

전문 투자자가 되고 싶다면 정보에 관심을 가지고 손품, 발품을 팔며 현장조사도 다녀야 한다. 전문가를 만나서 정보제공 비용을 내더라도 수익이 났을 때는 그 이상의 효과가 생긴다. 부동산을 언제 투자해야 하는지 물어보면 지금이다. 다만 포기하지 않고 도전하고 찾다 보면 투자에 적용되는 원리와 답이 나온다. 역사, 정책, 산업, 수요, 공급의 요소들을 주로 살펴보면 좋을 것이다.

Part 3
부동산 투자의 종류

1.
NPL경매 투자

1) NPL경매투자

무수익여신 Non Performing Loan, NPL 부실대출금과 부실지급보증금을 합친 개념으로 금융기관이 빌려준 돈을 회수할 가능성이 없거나 어렵게 된 부실채권을 의미한다. 부동산 시장의 악화로 인해서 많은 분들이 부동산 경매에 대한 관심을 갖고 있지만 실질적인 필수 지식이 부족한 것도 이런 모습 중 하나에 해당한다. 부동산 경매는 보통 법정관리에 들어가 채무자 소유의 부동산을 매각하여 이로 얻은 수익을 투자자들이 나눠서 갖기 위해 진행된다. 그래서 사실상 실질적인 투자자들의 채무를 변제할 목적으로 진행이 되는 것이다. 그리고 여기서 등장하는 것이 바로 언급할 NPL이다.

NPL은 부동산 경매를 하고자 한다면 필수적으로 알아 둬야 하는 경제용어 중 하나에 속한다. 이는 우리말로 풀어서 보면 부실채권이라고 하는 것이다. 채권은 보통 사람이나 금융사가 돈을 빌리는 과정에서 발행하는 것으로 이만큼의 돈을 빌려줬기에 받을 돈이 있다는 권리를 의

미하는 증권이다. 그래서 이런 채권의 경우 제대로 상환을 하면 문제가 없지만 제대로 상환이 안 되면 부실채권이 된다.

이런 부실채권은 실제로 돈을 빌린 사람과 금융사의 계약 담보 관계에 따라서 또 추가로 분류가 되게 된다. 만약에 채무를 진 사람이 채무를 위해 담보로 부동산을 걸었다면 이런 경우에는 담보부 부실채권이라고 하게 된다. 하지만 만약 채무자가 채무를 지는 과정에서 별도의 담보 없이 오로지 개인의 신용만을 이용해서 채무를 지게 되면 이는 무담보부 부실채권이라 하게 된다. 그리고 이런 부실채권은 3개월 이상의 연체가 이뤄지게 되면 법정관리, 즉 경매로 부동산을 넘기는 상황으로 이어진다.

부동산을 매입하기 위해서 다량의 돈을 금융사에서 빌리고 이 돈을 제대로 갚지 못하게 되면 금융사는 손해를 보게 된다. 그리고 이런 손해를 미연에 방지하기 위해서 금융사는 부동산을 매입할 목적으로 돈을 대출하는 경우에 한해 근저당권을 설정한다. 이 근저당권은 연체가 지속될 경우 발동되어 부동산의 경매 요청 권한을 갖게 된다. 금융회사는 부실채권을 개인에게 팔 수 없도록 2016년 법이 개정되면서 부실채권들을 묶어서 자산유동화회사에 매각하게 된다. 그리고 경매로 넘어온 물건을 보면 근저당권자가 금융사가 아닌 대부 업체로 되어 있는 경우를 보게 된다. 바로 이런 것이 우리가 말하는 부실채권 물건이라고 이해를 하면 된다.

일반인은 부실채권을 매입하여 어떤 이점을 얻을 수 있는가?

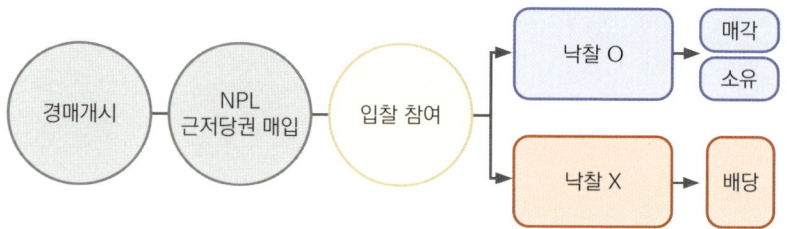

1. 경매절차에서 주도적인 역할은 무엇인가?

NPL을 매입한 사람이 경매신청을 하거나 경매를 신청한 자의 채권자 지위에 있기 때문에, 절차에서 주도적인 역할을 한다.

2. NPL경매에서 정보 수집에 용이하고 근저당권을 매입한다는 것은 무엇인가?

정보 수집에 용이하고 근저당권을 매입한다는 것은 바로 '근저당권자', 즉 이해관계인이 된다는 것이다. 따라서 경매신청서와 부속서류들을 모두 열람함으로써 단순히 경매정보지만 보고서 입찰하는 사람과 정보의 수집능력에 있어서 차이가 날 수밖에 없다. 그리고 AMC로부터 많은 정보, 예를 들어 선순위임차인의 '무상거주확인서'가 존재한다는 것을 들어서 알고 있는 사람과 모르고 있는 사람과는 차이가 클 수밖에 없다.

3. 낙찰에 유리(우월적 낙찰)

① NPL투자의 장점

일반경매참가자는 알 수 없는 '이해관계인'만 확인할 수 있는 상세정보를 획득할 수 있고, 미리 NPL을 매입함으로써 상계처리나 채무인수에 의하여 처리할 수 있는 부분을 알고 있으므로 높은 가격으로 매입을 할 수도 있는 것이다.

→ 이로 인해 일반참가자에 비하여 더욱 우월한 낙찰전략이 가능하다.

② NPL투자와 경매투자 사례 비교 1

구분	NPL 투자자	일반경매투자자
채권매입액	2억	-
입찰참여가격	2억 6,000만 원	2억 4,000만 원
낙찰률	높음	예측 불가능
투자금액	2억	2억 4,000만 원
유입 후 재매각가	2억 6,000만 원	3억
매각률	매각이 빠름	시간이 걸림
매각차익	6,000만 원	6,000만 원
양도소득세	0원	3,000만 원
수익	6,000만 원	3,000만 원
장단점	- 입찰가격 높고 경쟁력 높음 - 단기차익과 양도세 절세	- 입찰가격 높고 경쟁력 낮음 - 양도세로 인한 수익성 감소 - 매각가 높고 매각 소요시간 김

2억 원에 NPL 매입 → 채권최고액 2억 4,000만 원 근저당권 이전받는다. → 매각기일에 입찰할 때 2억 4,000만 원까지 써도 무방하다. 왜냐하면 입찰가격을 배당받을 가액으로 상쇄가 가능한 부분이기 때문이다. 한편 일반경매참가자는 2억 원을 넘게 써야 할지를 고민하고 있다. 과거에는 이 금액을 예측하고 정하는 것이 상당한 스킬이 필요하였는데, NPL투자자의 경우 이미 정해진 가격으로 입찰을 하게 되는 것이다. → 낙찰(낙찰대금은 상계처리) → 매매(매매차익)

다시 말해서 '수익의 내부화'를 시키는 것이다. 즉 수익을 순수한 경매절차에서 다른 경쟁자들과 경쟁을 통해 얻어 내는 것이 아니라, AMC와의 매입거래에서 얻어 내는 것이기 때문이다.

③ NPL투자와 경매투자 사례 비교 2

구분	NPL 매입 근저당권자	일반경매참가자
NPL 매입액	2억 원(대출원금)	×
채권최고액	2억 4,000만 원	×
입찰참여가격	2억 4,000만 원	2억 원
실제투자금액	2억 원	2억 원

감정가 3억, 채권설정액 2억 6,000만 원, 예상낙찰가 2억 4,000만 원인 부동산에 대한 NPL투자와 일반경매투자의 비교 사례 다른 점

1. 채권최고액: 채권최고액 2억 4,000만 원은 근저당권 매입가격 2억 원에 대한 즉 대출원금 2억 원에 대하여 설정된 120% 채권최고액을 의미한다 (원금 2억 원×120%=2억 4,000만 원).

2. 실제투자금액: 입찰참여가격을 2억 4,000만 원으로 제시하여 낙찰을 받은 NPL 매입 근저당권자는 상계제도를 통하여 NPL 매입 대금 2억 원 외에 추가로 납부하는 금액이 없다. 따라서 2억 원으로 2억 4,000만 원과 동일한 낙찰가 전략이 가능하다.

3. 2억 원에 NPL 매입 → 채권최고액 2억 6,000만 원 근저당권 이전받는다. → 입찰할 때 2억 6,000만 원까지 써도 무방하다(왜냐하면, 입찰가격을 배당받을 가액으로 상쇄가 가능한 부분이기 때문이다). → 낙찰(낙찰대금은 상계처리) → 매매(매매차익이 없어도 된다. 즉 낙찰가인 2억 6,000만 원 그대로 매각을 하여도 수익이 6,000만 원이 남게 된다).

4. 양도소득세를 과세하지 않는다. 위와 같은 과정 6,000만 원의 수익이 있지만, 이는 아직까지는 양도소득세를 부과하지 않고 있다. 집행소득이라

고 해야 할까? 그런데 이것은 소득세 항목에는 존재하지 않는다. 만일, 일반경매투자자가 매각으로 인해 6,000만 원의 소득이 있었다면 1년 이내 50%, 2년 이내 40%의 양도소득세를 내야 할 것이다.

5. NPL 매입 근저당권자가 낙찰을 받지 못한 경우는 어떻게 할까?

위 케이스에서 누군가 제3자가 NPL 매입 근저당권자가 제시한 입찰가 2억 4,000만 원보다 높게 입찰하여 낙찰을 받았다는 것이고, 그렇다면 NPL 매입 근저당권자는 채권행사금액 모두를 배당을 받게 되어 배당수익을 확보하게 된다.

자산유동화전문유한회사와 자산유동화법상의 AMC

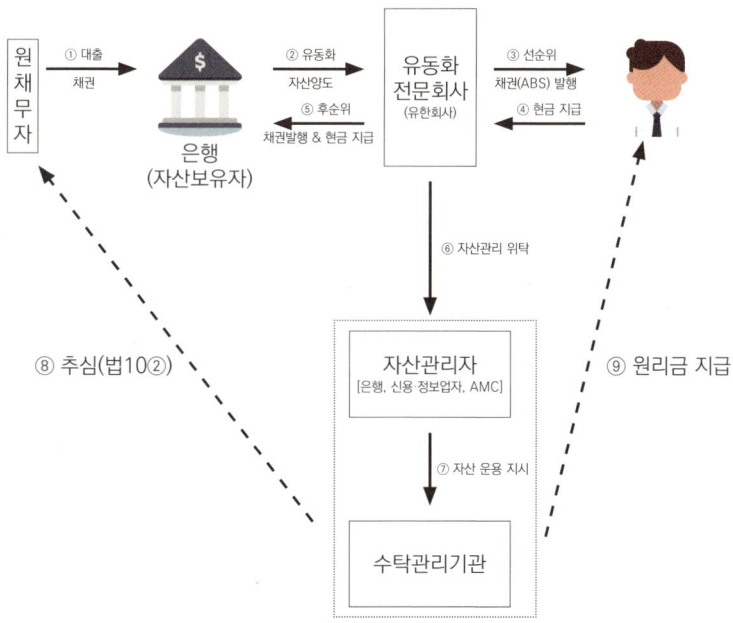

1. 론세일(채권양도방식): 배당, 유입, 변제유도, 재매각이 모두 가능하다. 단점은 초기자금이 많이 들어간다. 근저당권부 질권 대출 활용 가능하다. 1순위 근저당채권자 변경이 되고 대금을 전액 주고 사 오는 방식이다. 근저당권의 모든 권리와 의무를 가져와서 확정적 채권양도라고 한다. 투자자 입장에서 근저당권의 소유권을 샀으므로 채무자에게 돈을 갚으라고 할 수 있고, 경매를 신청할 수 있고 근저당권을 다른 사람에게 되팔 수 있다. 경매절차를 통해 경매물건의 매각대금에서 배당기일에 채권을 회수할 수 있고, 채권자의 지위로 경매입찰에 참가해 소유권을 취득할 수도 있다. 매각하는 은행 입장에서는 은행 소유의 근저당권을 털어 버린다는 의미와 재무구조와 BIS 비율 개선을 할 수 있다. 그리고 매입하면 근저당의 소유주가 변경되었다는 사실이 등기사항증명서상에 기재되므로 투자의 안정성을 확보할 수 있다.

2. 채무인수방식: 채무인수가 허가되면 자금흐름에 어려움이 별로 없다. 유입만이 가능하다. 왜냐하면 채무인수자가 직접 낙찰을 받고 그 등기부에 그대로 금융권의 근저당권을 유지해야 하기 때문이다. 당연히 배당투자는 불가능하다. 채무자 변경 방식은 계약과 동시에 반드시 낙찰받는 조건이다. 계약금 먼저 낙찰 후 경락잔금으로 변제 가능하다. 채권자의 채무인수 동의서 제출 시 상계처리 가능하다. 경매에서 직접 낙찰받는다는 조건부 계약으로 면책적 채무인수가 가능하고 상환능력이 부족한 채무자를 상환 능력이 있는 채무자로 교체하고 유동화 회사는 부실채권 매매가격을 초과하는 배당금(경매 낙찰 금액에서 부실채권 금액)을 양수인에게 돌려준다. 기존 채무의 일부를 탕감해 주는 조건으로 채권자는 채권의 일부를 포기하는 조건으로 새로운 채무자에게 일시적으로 채권을 인수시킨 다음 단시일 내에 채무관계를 해결하는 것이 채무인수방식 투자의 핵심이다.

3. 대위변제방식: 법정대위란 변제할 정당한 이익이 있는 사람인데 연대 채무자, 보증인, 물상 보증인, 담보물의 제3취득자이다. 임의대위란 변제와 동시에 채권자 승낙 요건이 있다.

4. 사후정산 방식: 반드시 낙찰 받는다는 조건계약이다. 계약금 주고 낙찰 받고 잔금납부 내당 후 정산하는 방식이고 상계처리는 되지 않는다.

※ NPL 매입은 특정하게 시점을 정할 수는 없지만, 개인 NPL 투자자는 배당요구종기일 이후에 하는 것이 좋다. 그래야만 선순위채권 확인하고 매매가격을 정할 수 있기 때문이다. 채무인수방식 부실채권을 인수해서 해당 부동산을 직접 유입하고자 하는 경우에 해당한다. 이 경우 계약금 외에 잔금은 낙찰 후 (채무인수를 통해) 지급하는 조건이 대부분이다. 물론 극히 드물긴 하지만 본인이 낙찰받지 못하는 경우 계약은 자동으로 해지된다.

민사집행법 제143조(특별한 지급방법)

① 매수인은 매각조건에 따라 부동산의 부담을 인수하는 외에 배당표(配當表)의 실시에 관하여 매각대금의 한도에서 관계채권자의 승낙이 있으면 대금을 갈음하여 채무를 인수할 수 있다.

② 채권자가 매수인인 경우에는 매각결정기일이 끝날 때까지 법원에 신고하고 배당받아야 할 금액을 제외한 대금을 배당기일에 낼 수 있다.

③ 제1항 및 제2항의 경우에 매수인이 인수한 채무나 배당받아야 할 금액에 대하여 이의가 제기된 때에는 매수인은 배당기일이 끝날 때까지 이에 해당하는 대금을 내야 한다. AMC는 매입하고자 하는 투자자를 쉽게 찾을 수 없는 경우에 이런 방식으로 처리한다. 기존의 채무의 동일성을 유지하면서 그 채무를 낙찰자가 인수하는 것을 목적으로 하는 계약이다.

여기서 주의할 점은 각 지방법원마다 이런 론세일 방식으로 부실채권이 거래되는 것조차 모르는 곳이 많이 있다. 그래서 설명을 해 주어

야 하고 특히 상계신청을 해야 하는 부분이 있는데 여기서도 체크를 해야 한다.

이제는 잔금 납부기일, 배당기일 동시에 하면 되고, 배당이의만 없으면 된다. 론세일과의 차이는 론세일의 경우 보통 근저당권자가 금융기관에서 NPL 투자자의 이름으로 변경되지만, 채무인수방식은 경매의 끝까지 근저당권자가 그대로 남아 있다. 상계신청방식이나 채무인수방식이나 부동산을 사는 것에는 큰 차이는 없다.

NPL에 투자에 관심이 있다면 해당 채권을 가지고 있는 회사 담당자와 협의하고 너무 비싸면 손해이다. 권리분석도 중요하지만 배당이 더 중요한 이유는 배당으로 인한 수익률에서 차이가 난다. 배당수익이나 우월적 지위로 낙찰 받는 방법 등 NPL 투자는 부동산 경매에서 알아 둬야 할 방법이고, 채권 매입의 대출이 70~80% 나와서 레버리지를 활용할 수 있지만 2016년 7월 25일 대부업 법률이 개정되면서 개인투자가 금지되어서 대부채권매입추심업자로 등록한 대부업자, 공공기관, 부실금융기관의 정리 금융회사를 통해야 한다.

NPL 권리, 경매배당, NPL 배당, NPL 매각과 거래 시 유의 사항이 있는데 질권 대출이 잘 나오는지와 양도금지 특약의 유무도 체크하고 해당 채권의 소멸시효도 확인해야 하며 원금, 이자, 지연 외에도 청구금액이 얼마인가? 얼마나 배당받을 수 있는가? 등 자세히 공부해서 알아야 한다. 혼자 하기 힘들면 전문회사나 관련 전문가와 함께 수업료라 생각하고 한번 배우면서 내 기술로 만드는 것을 추천한다.

NPL을 매각하는 유동화 회사 만날 때에 담당자와 필자는 15년 이상 거래했지만 처음 거래하는 사람에게 좋은 물건을 주지 않는다. 그래서 처음에는 전문가와 함께하며 배워야 하는데 금융위원회 대부업 등록업체라고 하고 유동화 회사 담당자와 약속 일자를 잡는다. 명함과 회사 소개 파일을 만들어 놓으면 대표와 임원에 대해 담당자가 파악하기 빠르다. 명함에 있는 메일로 매각리스트를 받아 좋은 물건에 대한 정보를 얻는다.

그리고 정보를 받으면 현장임장을 해 보면서 가격분석도 하고 물건보고서를 작성하고 낙찰 예상가 등 수익률 분석하고 매수의향가를 적어 제출한다. 그리고 채권서류에 채무자 인적사항, 감정가, 법률 리스크를 확인하고 NPL채권으로 금융권 지점장에게 경락잔금 대출 여부와 재감정대출 여부를 파악해서 원하는 금액의 대출이 된다는 확인이 되면 유동화 회사와 계약하고 채권자 변경서 제출하고 1차 채권계산서를 제출한다. 사건번호 조회 후 낙찰가를 확인하고 배당일자에 맞춰 배당금 수령일자를 확인하면 된다.

2) NPL 투자 효과

첫 번째는 배당 수령 배당 효과가 있다. 경매로 제3자가 낙찰 시 명도 없이 배당금 수령이 가능하다. 투자 기간이 짧고 현금화가 편리하다.
두 번째는 직접 낙찰 유입 투자되는 효과가 있다. 채권 회수 금액으로 직접 채권최고액 범위에서 낙찰이 가능하다.
세 번째는 소액 투자 효과가 있다. 매입가격의 80~90% 담보부 질권

대출의 융자 효과가 있다.

네 번째는 합법적인 계약서 효과가 있다. 채권행사 권리금액에 내가 받을 돈, 배당기일 채권금액으로 고가의 낙찰이 진행된다. 다섯 번째는 상계 처리 효과이다. 채권자의 경매 낙찰로 매각대금 상계 처리가 가능하고 고가 낙찰 후 장부상 손실 매각으로 다른 물건의 양도세 납부세액과 상계처리 가능하다.

금융기관에서 부실채권을 매각하는 이유는

첫 번째 BIS 자기자본 비율 유지하는데 1금융권은 8%, 2금융권은 5%이다. BIS(국제 결제 은행) 자기자본 비율은 은행의 위험자산 대비 자기자본 비율로 위험자산에 대하여 최소한의 자기자본을 유지하도록 정해진 비율이다. BIS 비율을 높이려면 위험자산을 줄이거나 자기자본을 늘려야 한다. BIS 비율이 떨어지면 은행의 신인도 하락으로 고객 이탈이 우려될 뿐 아니라 은행 간 합병에서 불리한 입장에 처할 가능성이 크기 때문에 은행들은 BIS 비율에 사활을 건다.

두 번째는 대손충당금 적립비율 부담이 되어 매각하고, 세 번째는 부실채권 여신 비율이 1.5% 이하이며 네 번째는 국제 회계 기준 도입 연결 재무제표 적용을 해야 한다.

3) NPL 투자의 장점

첫 번째는 숙박시설, 토지, 상가, 공장은 후에 매각할 때 얻는 매매차익과 근저당권 배당금으로 얻는 수익이 높다. 두 번째는 부동산 양도 절세가 가능하다. 세 번째는 현금 유동성 흐름이 빠르고 짧은 기간에 얻는 수익이 크다. 네 번째는 주택에 포함하지 않으면 현재의 부동산 정책 규제에 상관없는 투자 방법이다. 다섯 번째는 레버리지 활용으로 적은 자기자본 수익이 창출된다.

NPL을 매입하기 위해서는 첫 번째는 유동화 회사 유암코, 대신 F&I, KB자산운용에서 거래한다. 두 번째는 경매 물건 중에 유동화 회사로 채권자가 변경된 물건을 구입할 수 있다. 세 번째는 저축은행, 새마을금고 등 제2금융권의 부실채권을 대위변제로 구입할 수 있다. 2016년 7월 25일 대부업 법 계정으로 개인은 대위변제방식으로 NPL 투자가 가능하다.

4) NPL 수익 사례

NPL경매 투자로 15년간 100억 이상 번 고수의 이야기이다. 필자도 처음에도 경매 컨설팅 회사에서 경매를 진행하다가 결국 배워서 해야겠다고 생각해서 여러 시행착오를 겪으며 했다. 어떤 법무 변호사가 법률문제를 잘 해결하고 어느 금융권에서 경락잔금대출, 재감정대출이 잘 나오는지 매각은 어떻게 해야 하는지 직접 해 보지 않으면 절대로 알 수 없다. 수익 사례는 경매 사이트에 가서 사건 번호를 검색해 보면서 금액을 맞춰 보면 더 자세한 물건에 대해 알 수 있다. 그 고수의 회사에서 NPL물건에 투자해서 수익이 난 사례를 알려 주겠다.
다음 명도 부분은 대한민국에서 제일 명도를 잘하는 경매30년 고수님이 글을 남겨 주었다.

(1) 인천의 상가 인천지방법원 '2017타경 19083' 물건 1300% 수익

이 물건은 식당과 정원 및 펜션 건물이 있고 전 소유자 유치권 현수막이 있어서 진짜인지 가짜인지 현장 가서 파악해야 했다. 결국 가짜 유치권이라 합의할 필요 없이 법으로 해결했다. 감정가 32억이었다. 그리고 14억 1천만 원에 낙찰한다. 경락잔금 대출은 14억 받았다. 1년 후 재감정대출 2억 원을 받아 법인양도양수 매각으로 18억 원에 매각하고 3,000만 원을 투자해서 수익은 3억 9천만 원이 되었다.

인천지방법원 인천20계

사건번호 : 2017타경19083(2)
소재지 : 인천 옹진군 영흥면 선재리 642-2 [선재로 318-38] 외 3개 목록
물건종류 : 숙박시설
건물면적 : 1894.74㎡ (573.16평)
대지권 : 1787㎡ (540.57평)
매각물건 : 건물전부, 토지전부

입찰 진행 내용
1차 2018-06-07 3,215,404,280 유찰
2차 2018-07-19 2,250,783,000 유찰
3차 2018-08-21 1,575,548,000 유찰
입찰변경 2018-10-01 1,102,884,000 변경

4차 2019-04-30 1,102,884,000 낙찰

낙찰 1,410,000,000원 (44%)
(응찰 : 3명 / 낙찰자 : 구OOOOOO / 차순위 : 1,286,170,000)
매각결정기일 : 2019.05.07 - 매각허가결정
대금지급기한 : 2019.06.14
대금납부 : 2019.06.12 / 배당기일 : 2019.07.29
배당종결 : 2019.07.29.

물건의 특징
2017.08.04 유치권자 신OO 유치권신고서 제출
2017.08.04 유치권자 강OO 유치권신고서 제출
2017.08.04 유치권자 권OO 유치권신고서 제출
2017.08.04 유치권자 마OO 유치권신고서 제출
2017.08.04 유치권자 류OO 유치권신고서 제출
2017.08.04 유치권자 정OO 유치권신고서 제출
2017.07.21 기타 박OOO 유치권신고서 제출

임대차 관계 및 유치권 신고인
1. 임대차 관계.
점유관계
채무자(소유자)점유
- 본 건 소유자 김**의 형수 최**을 면대한 바, 소유자가 이건 부동산을 점유 사용하고 있으며 임대차관계는 없다고 한다.

2. 유치권 관련 유치권 신고인.

필자가 현장을 방문하였을 당시, 성명불상의 3인이 물건을 관리, 점유하고 있다고 주장하는 상황이었다.

점유인 명도 및 유치권 관련자 정리

1. 본 물건은 낙찰 당일 현장을 방문하여 물건의 권리관계를 주장하는 사람들을 만나 보려 물건의 주소지인 인천광역시 옹진군 선재도로 차를 몰았다. 현장에 도착하니, 본 물건의 관리 및 권리관계를 주장하는 "최○○"씨가 본 물건 1층 연회장에서 노래를 부르고 있었다. 필자가 큰소리로 사장님하고 부르니 노래방 기계를 끄고 필자 쪽으로 걸어왔다.

2. 필자는 최○○(실명 공개 불가)와 가볍게 악수를 하면서 명함을 주고받고 앉아서 본격적으로 물건에 대하여 무얼 요구하는지 들어 보기로 하고 본 물건에 대하여 무슨 권리관계를 가지고 있으며, 요구하고 싶은 사항은 무언지 말을 해 보라고 하였다.

3. 최○○는 위 물건의 공사를 맡아서 했던 조경, 내부 인테리어, 등 외부 테라스 및 바비큐장 등을 공사하였으며, 그 공사비를 받지 못하여 모텔의 운영권 및 시설의 사용권을 양도받은 사람이라고, 현재 모텔의 영업을 하면서 2017타경19083(1), 2017타경19083(3), 물건의 경매 채권자와 협의를 보고 있으며, 본 물건의 입찰에 참여하였으나, 본 건의 낙찰자보다 입찰가액을 낮게 써 내서 이번에 입찰을 받지 못하였다고 이런저런 대화를 나누던 중 본인들에게 물건을 매각할 용의는 없는지 필자보고 의견을 개진하여 달라는 부탁을 하였다. 필자는 그러면 만약에 본 물건을 매입

한다면 매입금액을 얼마를 생각하냐고 물으니, 낙찰가에 3억을 더 주겠다고 했다.

4. 명도팀은 현장에서 오고갔던 최○○ 낙찰 물건을 매입의사, 매입 가격은 낙찰가의 + 3억 제시를 하니 생각을 해 보고 필자에게 답을 달라고 하였다. 필자의 대답은 매각 불가, 낙찰 물건의 현장을 정리해 달라고 했다. 명도팀은 다음날 최○○ 약속을 잡고 현장을 방문하여 매각은 하지 않기로 했고, 낙찰 물건을 필자에게 인도 하여야 하는데, 우리가 생각하고 있는 비용은 얼마이고, 인도해야 하는 기한은 언제까지 줄 수 있다는 통보를 하였고, 최○○는 최소 3억 객실 내 비품 및 영업허가증은 별도, 라는 안은 제시 하였고, 명도팀은 그 자리에서 최○○의 협상안은 불가하니 물건의 낙찰대금 완납 기일 기준 15일 안에 자진하여 물건을 인도하고 필자가 제시하는 금액을 받아서 나가라고 마지막 통보 후 돌아왔다.

5. 그 후 낙찰받은 물건의 대금을 완납하고 명도팀은 제시한 기한의 마지막 날 평소 필자와 같이 움직이는 직원과 총원 8명과 함께 아무런 연락도 하지 않고 본 물건이 있는 선재도를 방문하였다. 명도 실무에 있어서 이런 필자의 행동들은 무언의 압력이라 보아도 좋다. 최○○는 다소 당황한 듯 연락도 없이 어떻게 왔냐고 물었고 필자는 아무래도 최○○가 순순히 안 나갈 거 같아서 현장 상황 점검하러 나왔다고 무언의 압박을 주면서 일주일 안에 명도팀은 같이 일하는 애들하고 올라와서 본 건물을 폐쇄할 것이니 그렇게 알고 있으라고 말하고 돌아왔다.

6. 필자가 준 건물의 인도 최종 기일 7일, 3일이 지나고 최○○가 필자에게 전화로 좀 만나 볼 수 있냐고, 본 건 소재지 필자가 사는

중간 지점에 장소를 정하여 최○○를 만났다. 최○○ 최종 제시하는 금액 1억, 필자가 최종 제시한 금액은 2천만 원, 최○○는 사정사정하며 1억만 맞추어 달라고 하였다, 필자는 2천만 원 제시한 금액이라도 받고 나가려면 최종 제시한 기일 4일 남았으니 그 기간 안에 결정을 해라, 그렇지 않으면 최종 제시한 7일, 법대로 일 처리 할테니까 그때는 후회하지 마라. 라는 말을 남기고 명도팀은 갔다. 이틀 후 최○○가 준비서류를 묻기 위해 전화가 왔다. 명도팀은 상냥하게 숙박업허가권자, 인감증명서1통, 인감도장, 등 준비서류를 알려 주었고 그 외 필요한 서류는 명도팀은 준비해서 올라간다고 했다. 다음날 현장에 들러 영업권 양도양수, 권리관계 포기서 날인 받은 후 2천만 원 송금하고 현장을 마무리하였다. 최○○의 퇴거 기간은 2주 더 연장해 주었다.

(2) 파주에 있는 공장 의정부지방법원 '2016타경 22222' 300% 수익

사건번호	2016타경22222	감정가	1,700,000,000
소재지	경기 파주시 월롱면 도내리 218-4	채권매입	750,000,000
물건용도	공장	낙찰가	1,000,000,000
토지면적	1,308평 4,324㎡	경락대출	800,000,000
건물면적	119평 393㎡	투자금	200,000,000
매입방식	채무인수	환급	250,000,000
비고	임대 5천/450	1년 후	
		재감정대출	
		매각가	1,350,000,000
수익률	300%	총수익	600,000,000

이 물건은 파주 토지상승 가능성을 보고 매입했는데 현재 시세는 더 올랐다. 감정가 17억인데 NPL채권 채무인수방식으로 7억 5,000만 원에 매입하여 10억에 낙찰한다. 매각은 13억 5,000만 원에 하여서 수익은 5

억이 되었다. 낙찰가와 채권매입 간의 구간은 수익구간이다. 유동화에서 낙찰금액에서 매입금액의 차익 구간은 3일 뒤 입금해 줘서 투자금이 회수되는 경우가 있다.

7억 5,000만 원 NPL 매입 시 계약금 7,500만 원을 내고 10억에 낙찰할 때 경락잔금 대출이 8억이 나온다. 그럼 계약금 7,500만 원은 이미 들어가 있고 1억 2,500만 원으로 2억을 만들어 총 10억 낙찰 잔금을 지불하고 낙찰을 10억을 했기 때문에 배당금은 유동화 회사로 간다. 그럼 7억 5,000만 원 계약한 대부 법인으로 2억 5,000만 원이 3일 뒤 입금된다. 그럼 벌써 2억 투자금은 회수하고 대출 8억만 남는다. 이자는 연 3% 임차보증금 5,000만 원에 월 450만 원 월세를 받고 1년 7개월 뒤에 재감정대출했다. 2억 투자해서 2년 뒤 13억 5,000만 원에 법인 양도양수로 매각해서 6억 수익이 되었다.

의정부지방법원 고양10계

소재지 : 경기 파주시 월롱면 도내리 218-4 [홀작로 70-102] 외 3개 목록

물건종류 : 공장

건물면적 : $396㎡$ (119.8평)

대지권 : $4325㎡$ (1308.31평)

매각물건 : 건물전부, 토지지분

입찰 진행 내용

1차 2017-09-19 1,696,552,000 유찰
2차 2017-10-31 1,187,586,000 유찰
3차 2017-12-05 831,310,000 유찰
입찰변경 2018-01-17 581,917,000 변경
4차 2018-03-28 581,917,000 낙찰

낙찰 1,000,000,000원 (59%)

(응찰 : 7명 / 낙찰자 : 주OOO / 차순위 : 915,600,000)
매각결정기일 : 2018.04.04 - 매각허가결정
대금지급기한 : 2018.05.14
대금납부 : 2018.05.14 / 배당기일 : 2018.06.28
배당종결 : 2018.06.28.

명도 관련

위 물건은 LG전자 모니터 3차 밴드 공장으로 하청 제 하청을 받아 제품을 생산, 공급하는 공장이었다. 경매가 진행되면서 사업체는 부도를 내고 운영을 중지한 상황이었다.

물건을 낙찰받고 현장을 방문하여 보니 공장 주변 땅에 산업 폐기물을 무진장 많이 야적해 놓은 상황이었고, 공장 관련 사람들은 보이지 않았다.

우선 대금을 완납하고 위 공장 종전 사업주의 법인등기부등본을 발급받아 대표이사, 사내이사 인적 사항을 확보 후, 대표이사를 찾아갔으나, 법인을 부도내고 도주 중이었다.

사내이사로 등기된 2명의 이사를 수소문하여 찾아서 폐기물에 대한 처리 방향에 대한 상의를 하였고, 산업 폐기물은 본인들이 처리하는 것으로 결정하고 필자는 위 물건의 명도를 종료하였다.

끝으로

물건을 낙찰받다가 보면 공장을 낙찰받게 되는 경우가 있다. 대부분 공장은 경매가 진행되면서 부도를 내고 공장을 폐쇄하는 경우들이 많다. 공장 경매의 약 65% 정도, 그러다 보니 부도난 공장에는 고의로 돈을 받고 산업 폐기물을 야적하는 경우들이 많이 있다. 그럼 왜 공장 부지에 부도낸 사업주가 산업 폐기물 야적을 해 놓을까? 결론은 돈이다, 부도를 내고 공장은 경매가 진행 중이니, 이미 그 공장의 효용가치는 없어진 것이고, 폐기물 업체를 통하여 돈을 받고 폐기물을 공장에 야적해 놔도 그 폐기물의 최종처리는 경매를 통하여 공장을 낙찰받은 낙찰자이기 때문에 돈을 받고 공장에 폐기물을 쌓아 놓아도 부도를 낸 공장 주인하고는 아무런 관련이 없기 때문이다. 또한 산업 폐기물을 의뢰 처리하는 폐기물 업체는 싼 비용으로 산업 폐기물을 처리할 수 있으니 누이 좋고, 매부 좋은 일이다. 위 사례같이 공장을 낙찰받아 대금을 납부 후 독자들은 어떻게 처리할 수 있다고 생각하는가?

낙찰받은 법원에 인도명령을 청구하여, 인도명령 결정문을 가지고, 집행관 사무실에 강제집행을 신청하고, 집행비용을 납부 후 처리하는 방법을 선택할 수밖에 없을 것이다. 그렇다면 위 물건의 집행비용이 얼마나 들어갈까? 필자가 위 물건의 산업 폐기물의 처리 비용을 폐기물 업체에 문의 하니, 당시 위 공장 방문하여 폐기물을 실측한 결과 처리 비용 2억이라고 했다.

그래서 필자는 위 관련 법인의 대표이사 및 이사들을 찾아내서, 산업 폐기물의 처리를 강제한 것이다.

그 당시 산업 폐기물을 반입할 때 폐기물 업체로부터 돈을 받고 경매 공장에 야적하였을 것이 분명한 사실이니까. 필자가 늘 말하는 명도에 정답은 현장에 있다는 것이다. 추후 독자들도 낙찰받은 공장 현장에 산업 폐기물이 야적된 상황이라면, 위 내용을 참조하기 바란다. 만약에 폐기물을 반입하였다는 구체적인 증거를 조금만 찾을 수 있어도, 야적해 놓은 공장의 사업주, 폐기물을 그 공장에 처리한 폐기물 업체 사업주 둘 다 형사처벌의 대상이며, 대부분 구속수사가 원칙이다. 이 점 잘 기억해 두었다가 향후 공장물건 권리관계, 권리분석 조사 시 폐기물이 존재한다면 필자가 서술한 내용을 적극적으로 활용하기 바란다. 필자는 위 물건 명도를 완료하면서 비용은 기름 값 정도, 지출하였던 기억이며, **폐기물 처리 비용 2억을 세이브** 물건의 부가가치가 극대화될 수 있게 처리한 사례였다.

(3) 경상북도 칠곡에 있는 (공장)대구지방법원 '2015타경 16330' 385% 수익

사건번호	2015타경16330	감정가	1,630,000,000
소재지	경북 칠곡군 북삼읍 보손리 823-24	채권매입	700,000,000
물건용도	공장	낙찰가	830,000,000
토지면적	1,089평 3,600㎡	경락대출	700,000,000
건물면적	490평 1,619㎡	투자금	130,000,000
매입방식	채무인수	환급	130,000,000
비고	임대, 5천/450	1년 후	
		재감정대출	1,200,000,000
		매각가	1,200,000,000
수익률	385%	총수익	600,000,000

이 물건은 40억 부실을 내었다가 부도가 난 물건이다. 폐기물 공장은 허가 나기 어려운데 법적문제는 없었다. 감정가 16억 3,000만 원, NPL채권은 채무인수방식으로 7억에 채권 매입하여 낙찰은 8억 3,000만 원 경락잔금 대출 7억에 받았다.

명도로 내보내고 임대는 폐기물 관련 업체에 보증금 5,000만 원에 월세 450만 원 받다가 임차인에게 노크를 하여 금융과 경매를 모르니 이런 상황이 되었기 때문에 재감정대출을 받는 방법도 알려 주고 운영 자금 받는 방법도 알려 준다. 임차인은 공장에 대해 제일 잘 알기 때문에 법인 양도양수로 매각하면 된다. 1년 뒤 재감정대출 12억 받아 매각을 법인양도양수로 12억 하였는데 1억 3천만원 투자해서 1년 뒤 수익은 5억이 되었다.

대구지방법원 경매 8계

소재지: 경북 칠곡군 북삼읍 보손리 177 [칠곡대로 96-9] 외 4개 목록

물건종류 : 공장

건물면적 : 1620.88㎡ (490.32평)

대지권 : 3603㎡ (1089.91평)

매각물건 : 건물전부, 토지전부

입찰 진행 내용

1차 2016-11-03 1,632,969,640 유찰

2차 2016-12-06 1,143,079,000 유찰

3차 2017-01-09 800,155,000 낙찰

낙찰 900,000,000원 (55%)
(응찰 : 2명 / 낙찰자 : 한OO / 차순위 : 877,770,000)
매각결정기일 : 2017.03.30 - 불허
대금지급기한 : / 미납
위 사건은 낙찰 후 대금 미납으로 처음 감정가로 다시 시작했다.
4차 2017-06-08 1,630,818,460 유찰
5차 2017-07-13 1,141,573,000 유찰
6차 2017-08-10 799,101,000 유찰
입찰변경 2017-09-08 559,371,000 변경
7차 2017-11-09 559,371,000 낙찰

낙찰 835,550,000원 (51%)
(응찰 : 5명 / 낙찰자 : 주OOO / 차순위 : 800,000,000)
매각결정기일 : 2017.11.16 - 매각허가결정
대금지급기한 : 2017.12.15
대금납부 : 2017.12.15 / 배당기일 : 2018.01.18
배당종결 : 2018.01.18.

명도 관련

위 공장은 "폐기물 종합 재활용업" 허가를 받은 공장으로 폐기물 관련 면허만 가지고 있어도 상당한 메리트가 있는 경매 대상물건이다.
대한민국 내에서는 "폐기물 사업허가를 받아 면허를 신규로 발급받는 것은 불가하다." 신규 면허의 허가를 도, 시, 군, 구청은 발급하지 않는다. 신규 면허를, 발급받기 위하여 그 지역 주민들의 동의서, 교통 환

경 영향 평가가 이루어져야 하고, 특히 그 지역 주민들의 동의가 절대적이므로 동의서 제출이 필수 항목이다.

그런데 그 지역 주민들의 동의서를 받는다는 것은 현실적으로 불가능하다.

1. 지자체가 신규 폐기물 허가를 하지 않고.
2. 그 지역 주민동의서 100% 제출.
3. 교통, 환경 영향 평가.

중요한 것은 해당 지자체가 신규 폐기물 면허를 발급 신청을 받지 않는다는 것. 설사 신청서의 접수를 받았다 하더라도 해당지역의 주민들이 반대 입장을 지자체에 제출하면 선출직 공무원인 지자체장은 표를 의식하여 폐기물 면허 신청을 반려한다.

이것 때문에 행정소송으로 이어지기도 하였지만 모두 지자체가 승소하였다.

그래서 폐기물 관련 신규 면허의 발급은 불가하다.

필자는 부동산 경매를 30년 하다 보니 부동산 관련 법률을 상당히 많이 축적하고 있는 상황이다.

처음 필자가 위 물건의 입찰을 생각하고 있을 때 필자가 말했다 낙찰받아 폐기물 면허만 교부받으면 그 면허의 거래 가격이 최소 5억에서부터 시작한다고, 물론 부동산 가격은 별도로 책정하여 정하는 것이었다.

필자는 명도 담당자에게 공장을 낙찰받으면 폐기물 종합 면허를 취

득할 수 있겠습니까? 물었고

　네~ 1달만 시간을 주면 폐기물 종합 자원재활용 면허를 발급받아서 갖다가 드리겠습니다. 답이 왔다.

　자 그러면 필자가 어떤 방법으로 폐기물 면허를 발급받았는지 살펴보도록 하겠다.

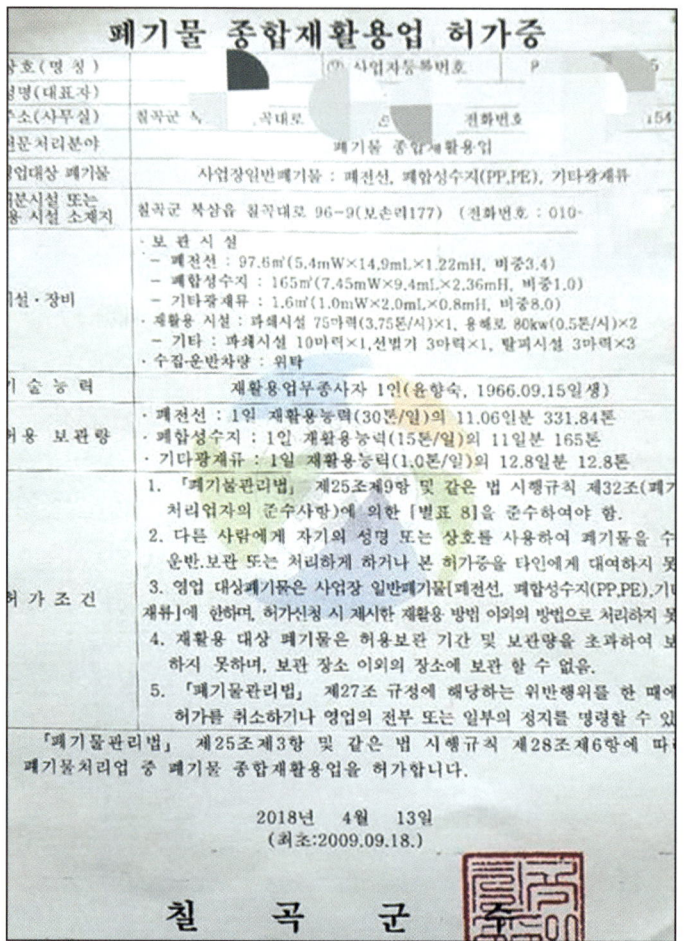

폐기물 관리법

제33조(권리 · 의무의 승계 등)

① **폐기물처리업자, 제29조에 따른 폐기물처리시설의 설치승인을 받거나 신고를 한 자, 폐기물처리 신고자 또는 전용용기 제조업자(이하 이 조에서 "폐기물 처리업자 등"이라 한다)로부터 폐기물 처리업, 폐기물처리시설, 제46조 제1항에 따른 시설 또는 전용용기 제조업(이하 이 조에서 "폐기물 처리업 등"이라 한다)을 양수하거나 「민사집행법」에 따른 경매**, 「채무자 회생 및 파산에 관한 법률」에 따른 환가(換價)나 「국세징수법」·「관세법」 또는 「지방세징수법」에 따른 압류재산의 매각, 그밖에 이에 준하는 절차에 따라 인수하는 경우에 해당 양수인 또는 인수인은 환경부령으로 정하는 바에 따라 환경부장관 또는 시 · 도지사의 허가를 받아야 한다. 이 경우 허가를 받은 양수인 또는 인수인은 폐기물 처리업 등의 허가 · 승인 · 등록 또는 신고에 따른 권리 · 의무를 승계한다. 〈개정 2010. 7. 23., 2015. 1. 20., 2019. 11. 26.〉

② 법인인 폐기물 처리업자 등이 다른 법인에 흡수 합병되거나 다른 법인과 합병하여 새로운 법인을 설립하거나 폐기물 처리업 등을 분할하여 새로운 법인을 설립하거나 다른 법인에 합병하는 경우, 합병 후 존속하는 법인이나 합병 또는 분할로 설립되는 법인은 환경부령으로 정하는 바에 따라 환경부장관 또는 시 · 도지사의 허가를 받아야 한다. 이 경우 허가를 받은 합병 후 존속하는 법인이나 합병 또는 분할로 설립되는 법인은 폐기물 처리업 등의 허가 · 승인 · 등록 또는 신고에 따른 권리 · 의무를 승계한다. 〈개정 2019. 11. 26.〉

③ 폐기물 처리업자 등이 사망한 경우, 그 상속인은 폐기물 처리업 등의 허가·승인·등록 또는 신고에 따른 권리·의무를 승계한다. 이 경우 상속인은 환경부령으로 정하는 바에 따라 환경부장관 또는 시·도지사에게 권리·의무 승계신고를 하여야 한다. 〈개정 2019. 11. 26.〉

④ 환경부장관 또는 시·도지사는 제1항 또는 제2항에 따른 허가신청이나 제3항에 따른 신고가 있는 경우 다음 각 호의 사항에 관하여 검토한 후 허가 또는 신고수리 여부를 결정하고 허가신청인 또는 신고인에게 통보하여야 한다. 〈개정 2019. 11. 26.〉

1. 종전의 폐기물 처리업자 등이 이 법을 위반하여 발생하였으나 이행하지 아니한 법적 책임이 있는지 여부 및 그 법적 책임 이행계획이 명확하고 합리적인지 여부
2. 허가신청인 또는 신고인이 제26조에 따른 결격사유에 해당하는지 여부
3. 허가신청인 또는 신고인이 허가 또는 신고의 대상이 된 영업 또는 시설을 계속하여 영위하거나 설치·운영하기 위한 환경부령으로 정하는 능력과 기준을 갖추고 있는지 여부

⑤ 환경부장관 또는 시·도지사는 제1항 또는 제2항에 따른 허가신청이나 제3항에 따른 신고를 받은 날부터 30일 이내에 허가 또는 신고수리 여부와 법적 책임의 범위 등 환경부령으로 정하는 사항을 허가신청인 또는 신고인에게 통지하여야 한다. 〈신설 2017. 4. 18. 2019. 11. 26.〉

⑥ 환경부장관 또는 시·도지사가 제5항에서 정한 기간 내에 허가 또는 신고수리 여부나 민원 처리 관련 법령에 따른 처리기간의 연

장을 허가신청인 또는 신고인에게 통지하지 아니하면 그 기간이 끝난 날의 다음 날에 허가하거나 신고를 수리한 것으로 본다. 〈신설 2017. 4. 18. 2019. 11. 26.〉

⑦ 환경부장관 또는 시·도지사는 제4항 각 호의 사항에 해당하는지 여부를 확인하기 위하여 범죄경력·가족관계 증명 관련 전산망 또는 자료를 이용하려는 경우에는 관계 기관의 장에게 협조를 요청할 수 있으며, 관계 기관의 장은 정당한 사유가 없으면 그 요청에 따라야 한다. 〈신설 2013. 7. 16. 2017. 4. 18. 2019. 11. 26. 2020. 5. 26.〉

⑧ 제1항 또는 제2항에 따라 권리·의무 승계가 이루어질 경우 종전의 폐기물 처리업자 등에 대한 허가·승인·등록 또는 신고는 그 효력을 잃는다. 다만, 종전 폐기물 처리업자 등의 이 법에 따른 의무 위반으로 인한 법적 책임은 권리·의무 승계에도 불구하고 소멸하지 아니한다.

폐기물관리법 제33조의 1항을 근거하여, 필자는 사업의 면허를 받을 수 있었다.

필자가 말은 늘 이렇게 쉽게 하지만 면허의 가치가 최하 5억으로 거래되는 관계로 면허의 직권 발급받는 과정은 상당히 힘들고 어려운 것이 현실이다.

관련법의 주무 부처는 환경부 장관 사무의 위임권을 지자체가 가지고 있지만 결정적인 것은 환경부의 승인이 필요하다는 것이다.

지자체는 허가 관련 사업의 승계는 양도양수를 원칙으로 하고 있다.

그런데 관련법이 규정을 하고 있다고 하여 가서 신청서를 제출하면

심사하여 발급해 주지는 않는다.

　환경부에 질의서를 만들어 몇 번의 질의응답을 받아야 하고, 질의를 하면 응답이 오는 시간이 상당이 많이 걸리기도 한다.

　필자는 질의를 하고 "세종시에 있는 환경부로 찾아갔다." 빨리 답변서를 달라고, 보통 담당자는 행정고시를 패스 임용된 5급 사무관들이 실무에 답변을 하는 경우가 많다. "세속적인 표현으로" "환장 한다" 하, 하, 그런 행위들을 반복하여 위 물건의 행정 사무를 담당하는 지자체가 최종 승인을 내어 주는데, 보통 위생, 환경을 담당하는 주무관들이 상당히 깐깐하다. (필자의 그동안에 경험에 의하면) 그런 절차들을 거쳐 면허를 발급받기까지 비용의 지출 없이(면허세 28,000원) 발급받아 "공장과 폐기물 종합 재활용업 허가증까지"
　포함하여 수익을 낸 물건의 사례이다.

　필자는 명도를 처리하면서 철저히 법률에 의한 것은 법률에 따라 처리를 하고, 법률이 정하는 바가 필자에게 시간이나 비용의 지출이 큰 부분은 그동안의 경매 현장 경험을 바탕으로 풀어서 물건을 처리하는 명도 비용을 최대한 줄이는 것이 필자의 역할이므로, 약간의 편법을 애(愛)용하는 편이다.

(4) 강원도 정선 숙박시설 춘천지방법원 영월지원 '2015타경 30440' 243% 수익

사건번호	2015타경30440	감정가	7,130,000,000
소재지	강원도 정선군 남면 무릉리 458-7 외 5필지	채권매입	2,700,000,000
물건용도	숙박시설	낙찰가	3,500,000,000
토지면적	484평 1,600㎡	경락대출	2,800,000,000
건물면적	1,595평 5,272㎡	투자금	700,000,000
매입방식	채무인수	환급	800,000,000
비고	위탁 운영, 월평균 3천 수익	1년 후	
		재감정대출	4,300,000,000
		매각가	4,400,000,000
수익률	243%	총수익	1,700,000,000

이 물건은 전 소유자는 건설 회사였는데 유치권이 24억 5천이 있었다. 불법유치권자가 있었지만 법무팀에 용역비 2,095만 원으로 합법적으로 해결했다. 펜스를 설치하고 세콤을 설치했는데 들어오면 무단침입이 된다. 감정가 71억 3,000만 원 1순위. 근저당 채권 NPL 27억에 채무인수방식으로 매입하고 낙찰은 35억에 하고 경락잔금대출 28억 받아 위탁 운영해 운영수익 3,000만 원 정도 수익을 내다가 1년 뒤 재감정대출 43억을 받아 매각을 44억에 법인 양도양수 한 뒤 매각하면 절세가 된다. 7억 투자해서 17억의 수익이 되었다. 일반적으로 경매하는 사람들과 경쟁이 되지 않는 이기는 게임에 작전을 다 짜고 들어가기 때문에 일반 경매 신청하는 사람들은 낙찰받기 쉽지 않다. 경매 들어갈 때 NPL에서 매입했다고 하면 이기기 쉽지 않다. 더 높은 금액으로 낙찰받으면 더 빨리 배당수익 받고 끝나서 더 좋은 경우가 된다.

현장 명도팀은 대한민국 No1이다.

사건번호 : 2015 타경 30440(메이플 관광호텔)
소재지 : 강원 정선군 남면 무릉리 471 외 7개 목록
물건종류 : 숙박시설
건물면적 : 5275.05㎡ (1595.73평)
대지권 : 1601㎡ (484.3평)
감정가격 : 71억 3천만 원
낙찰가격 : 35억

낙찰 4,050,000,000원 (57%)
(응찰 : 3명 / 낙찰자 : ○○○○○○)
매각결정기일 : 2016.11.22 - 매각허가결정
대금지급기한 : 2016.12.27 / 미납

낙찰 3,500,000,000원 (49%)
(응찰 : 3명 / 낙찰자 : ○○○○○○○○)
매각결정기일 : 2017.02.07 - 매각허가결정
대금지급기한 : 2017.03.14
대금납부 : 2017.03.10 / 배당기일 : 2017.04.12
배당종결 : 2017.04.12.

- 일괄매각. 제시 외 건물포함, 목록 4,5,7,8.은 공부상 "답"이나, 현황은 숙박시설의 부속 토지(정원)로 이용 중. 2016. 3. 22.자 주식회사 **산업개발로부터 공사대금 17억 원의 유치권신고서가 제출되었으나, 그 성립여부는 불분명(근저당권자(이중경매신청채권자)주식회사 **상호저축은행으로부터 2016. 4. 1.자 유치권배제신

청서, 2016. 4. 12.자 유치권무관확인서 및 2016. 4. 22.자 유치권 관련 고소접수증(강원정선경찰서 제2016-95호)이 각 제출됨). 2016. 12. 5.자 유한회사 ***로부터 공사대금 750,000,000원에 대한 유치권 신고서가 접수되었으나 성립여부가 불분명했다.

본 물건의 경우 감정가 71억, "필자가" 낙찰받기 전 40억 5천만 원에 낙찰된 물건이었으나, 종전낙찰자는 경락을 포기하면서 입찰보증금 약 3억을 몰수당하는 방법을 선택할 수밖에 없는 상황의 물건이었다. 당 법원에 유치고 신고인 "**산업개발 17억", "유한회사 ***7억 5천" 2곳의 업체로부터 24억 5천만 원의 유치권 신고가 있었고, 이미 해당물건의 현장에는 유치권을 행사하는 점거 인원이 약 50명 정도 현장을 점거하여 유치권을 행사하고 있었던 상황이었으며, 위 채권자는 법원에 "유치권배제신청서, 정선경찰서 유치권 관련 형사고소 접수증을 제출하였다는 기록을 확인할 수 있을 것이다."

그렇다면 과연 채권자가 법원에 제출한 "유치권배제신청서, 유치권 관련 형사고소"가 위 물건을 낙찰받아 대금납부를 하였을 때 낙찰인에게 도움이 될 수 있는 부분이 있는지 충분하게 고민을 해 보아야 하는 큰 문제이다. "유치권배제신청서는 법적인 아무런 효력을 가지지 않고", "경찰서에 제출한 유치권 관련 고소"는 과연 형사적인 처벌이 가능할까? 필자는 불가능하다고 확신하고 있다. "유치권이란 것은" 민사적으로 발생한 채권이고 채권, 채무 관계에서 채권자가 채권을 회수하기 위하여 "유치권이란" 법률로 보장된 행위를 하는 것인데, 채권을 회수하려는 채권자를 과연 형사적인 책임을 물을 수 있을까?

이는 위 법원경매 물건 채권자가 위 서류를 제출하였다는 기록을 입찰에 참여하고자 하는 사람들에게 경매 물건의 유치권신고는 돼 있지만, 배제신청서, 형사고소를 하였으니 유치권이 존재하지 않는다는 착각, 안심을 하게 만들어 낙찰가를 높이려는 꼼수를 부린 것이라고 생각을 하여야 할 것이다. 위 물건을 낙찰받은 낙찰자는 추후 위 사건의 유치권을 해결하려면 "유치권부존재소송", "명도소송"을 법원에 제기하여 그 판결을 확정 받은 후 집행 하는 절차를 통하여 위 사건을 해결할 수밖에 없을 것이다.

그렇다면 소송을 통하여 위 사건을 해결할 때 들어가는 비용을 짚고 넘어갈까 한다. 산출된 비용은 낙찰자가 전액 현금으로 납부를 하여야 하고, 소송이 끝나고 한 푼도 돌려받을 수 없는 사라지는 비용이라고 생각해야 할 것이다. 소송비용(변호사비용, 소송인지세, 송달료 등)제외 순수하게 최종 승소판결 확정 후 강제집행 비용만 산출한 것이다. 법원의 위치, 거리, 집행 환경에 따라 비용이 추가될 수 있으며 필자가 산출한 금액은 최소로 산출한 것이기에 참고만 하기 바란다. 집행신청 시 지방법원 집행관사무소에 등록된 용역업체만 가능, 그 용역업체 내에서 신청인이 선택할 수 있다. 그 용역업체는 다 그 업체가 그 업체이다.

* 현장에 유치권 행사자가 점유권행사 하는 경우 강제집행은 집행 불능으로 처리된다.

⑴ 건물면적 : 5275.05㎡ (1595.73평) × 30,000 = 158,250,000원

⑵ 층수별 인원 투입 추가 층당+추가인원 50명(지하2층, 지상10층 50명)×150,000 = 7,500,000원

⑶ 층별 보관소요 컨테이너 층당 10컨테이너(2달 보관)1컨테이너 1,000,000×100개(층별 10컨테이너)=100,000,000원(컨테이너 3×6 기준) 숙박시설 경우 보통 침대, TV, 쇼파(의자), 탁자, 냉장고, 컴퓨터, 장식장
⑷ 이동용 트럭 보통 이삿짐 5톤(컨테이너 분량 100개) 차량 100대, 1대당 800,000원×100대=80,000,000원
⑸ 집행현장 유치권행사인원 × 집행관 현장 집행 시 용역인원 = 1.5배수 (예) 현자에 유치권행사 점거 인원 50명이라고 가정하면 집행관이 현장집행 시 대동 하여야하는 인원 최소 1.5배수) 유치권행사 점유자 50명 × 1.5배(75명) 1인 300,000원 = 22,500,000원 위 용역인원 비용은 1회 비용이다. ⑴+⑵+⑶+⑷+⑸ = 368,250,000원

위 금액은 소송비용을 제외한 최종 집행비용을 산출한 금액이며, 현장 집행 시 추가금액이 발생할 수 있다. 소송기간 3~4년, 변호사비용, 소송수행비용, 집행비용, 등을 합하면 필자의 현장 경험에 의하면 대략 소요 예상비용은 5억에서 6억 사이, "여기에 위 물건은 관광호텔이라는 상업시설이므로, 관광사업자등록증, 숙박업영업허가증, 협의 금액을 제외한 금액임에도" 강제집행 시 최소한의 비용이 5~6억 지출이 된다면 낙찰자는 고민하지 않을 수 없을 것이다.

위 "관광 사업등록증, 숙박업영업허가증," "양도양수금액 최소 5억에서 10억"을 호가하는 경우가 현장에서는 빈번하게 벌어지는 자연스러운 일이라고 생각해야 할 것이다.

이런 문제점들만 확인하여도 이미 위 물건을 낙찰받아야 하는 상당한 메리트가 없어진다.

자칫 잘못하다가는 특수물건을 낙찰받아 고수익을 꿈꾸고 있었는데, 그 꿈이 물거품되었다는 것을 인지할 수 있는 부분이다. 부동산경매의 꽃은 특수물건을 낙찰받아 정상적인 물건을 만들어 고수익을 창출하는 것이다. 위 특수물건의 정확한 해결 방법을 찾지 못한다면, 이는 특수물건을 고비용을 투자하여 낙찰받은 후 진짜 특수물건으로 만들어 아주 쓸모없는 골칫덩어리 특수물건으로 전락할 수밖에 없는 것이다.

그러면 간단하게 필자가 위 특수물건의 해결을 어떻게 하였고, 비용의 지출을 얼마나 하였는지 살펴보도록 하겠다. 위 물건의 처리 과정은 현장 상황에 맞게 필자가 구성, 기획하여 일을 처리하는 것이고, 다소 무리가 따르는 상황들이 발생할 수밖에 없는 점들이 있다는 것을 말씀드립니다. 이점 충분히 양지하기 바란다. 첫 번째 필자가 유치권 현장에서 일을 처리하면서 가장 먼저 생각하는 법 조항이 있다.

민법 제209조(자력구제)
① 점유자는 그 점유를 부정히 침탈 또는 방해하는 행위에 대하여 자력으로써 이를 방위할 수 있다.
② 점유물이 침탈되었을 경우에 부동산일 때에는 점유자는 침탈 후 직시 가해자를 배제하여 이를 탈환할 수 있고 동산일 때에는 점유자는 현장에서 또는 추적하여 가해자로부터 이를 탈환할 수 있다.

라는 점유, 점유권에 대하여는 자력구제에 그 책임을 묻지 않는 조항이다.

그렇다면 자연스럽게 필자에게 그 건물의 점유권이 있다는 것을 만들면 일이 아주 쉽다. 이는 필자의 그동안 부동산경매 현장 경험에서

오는 "영업비밀이라" 밝힐 수는 없지만 위 물건의 경우, "낙찰받은 대지(땅)가 약 500평 정도, 유치권행사를 하면서 점거를 하는 용역(불법유치권자)은 건물 내부를 점거하고 있는 상황" 그렇다면, 낙찰받은 대지(땅)의 점유권은 누구에게 있을까? 바로 낙찰을 받은 낙찰자에게 그 점유권이 있다고 판단하면 될 것이다. 그렇다면 내 땅에 내가 들어가서 그 땅을 내 마음대로 하는 것은 아무런 무리가 없다.

이것이 물건의 유치권을 깨는 명분을 찾아 들어가는 "첫 번째 팁이다" 그렇다면 그 땅 위에 시설물(건물)의 보호 및 타인으로부터 침입을 막아 건물의 훼손, 도난으로부터 보호할 책임(의무)이란 것을 명분으로 삼아 건물에 접근하는 방법이라는 명분을 얻을 수 있다.

현장에서 첫 번째로 명분을 가지고 치고 들어가는 필자의 첫 번째 방법이다. 그 외 방법이나 명분을 만들어 가는 것은 필자의 영업 비밀에 해당하므로 해결하는 방법을 표현할 때 조금만 표시해서 밝히도록 하겠다. 그렇게 땅을 차지하고 치고 들어간 필자는 제일 먼저 실행하는 행위들이 있다. 이해를 돕기 위하여 먼저 사진을 보고, 이어 가도록 하겠다.

유치권행사를 하는 현장사진

건물 명도 전 사진

 이렇게 현장에 나가보면 유치권을 행사하고 있다고 멀쩡한 건물 외벽, 건물의 유리창에 누가 봐도 알 수 있게 표시를 해 놓는다.
 추후 유리창에 유치권 점유 중이라고 페인트로 칠해 놓은 거 닦아 낸다고 우리 쪽 사람들이 엄청 고생했다. 그러면 필자가 유치권 현장을 정리하러 들어갈 때 준비를 어떻게 하는지 장비는 어떤 것들이 필요한지 살펴보도록 하겠다.

명도 진행 직전 상황

명도 집행 전 건물 봉쇄 사진

크레인, 컨테이너 등, 현장에 배치하고 건물 내부에 들어가기 전 사전 작업을 완료 후 이후 건물을 출입할 수 있는 모든 공간의 출입구 봉쇄를 시작하는 작업을 먼저 시작한다.

봉쇄 후 출입문 한 곳(일명 개구멍)

현장의 출입구를 한 곳만 남겨 두고 갈바륨으로 작업을 시작하여 건물의 전체를 내부, 외부에서 들어가지도, 나올 수도 없게 봉쇄 후 최종적으로 출입구 한 곳을 쇠창살(일명 개구멍)로 마무리하여 출입을 할 수 있게 만든 후 건물 내부로 진입을 한다.

"45톤 크레인은 애들을 건물 위로 올리는 역할을 담당한다."

유일한 출입구(일명 개구멍)사진

이렇게 작업을 마치고 필자는 유치권을 행사하는 점유자들을 밀어 내기 위하여 건물 내 진입 유치권행사를 하는 자들을 하나씩 밀어내고 현장 상황을 마무리하는 작업을 진행한다.

그 후 가장 먼저 하는 행위는 "일명 세콤(s1), cctv 설치 후 건물을 봉쇄한 갈바륨 작업을 해체" 건물을 정상화하여 인도하여 주는 것을 끝으로 현장 상황을 마무리한다.

직권 관광사업자 발급

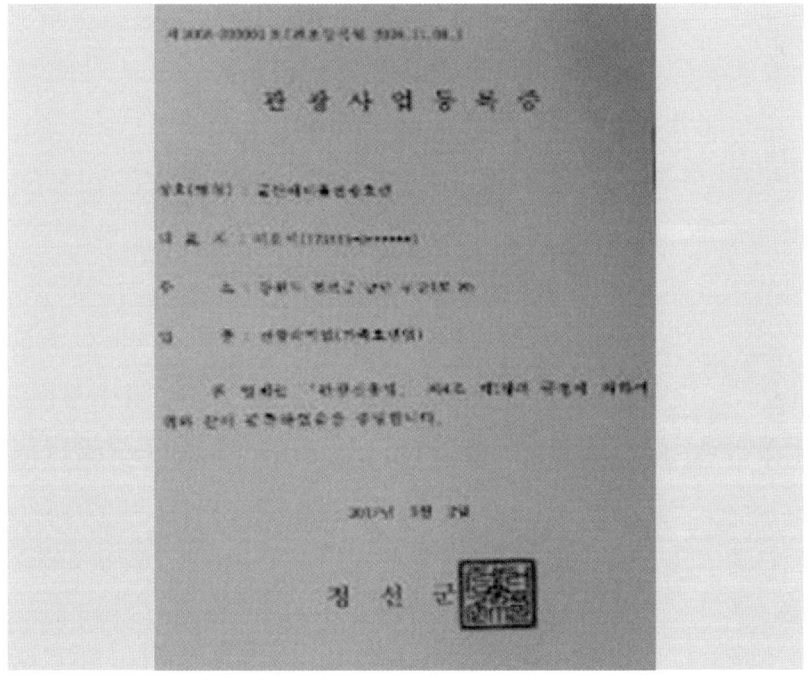

이렇게 건물을 인도하고 위 물건은 관광호텔의 용도에 맞게 사용 수익하기 위해 "관광사업허가, 숙박업영업허가" 이 두 허가증이 있어야 하는데 유치권을 주장하던 주체들은 필자에 의하여 강제 점유 해제를

당하였는데 위 허가 관련 2개의 면허를 아무런 비용을 받지 않고 양도, 양수를 받는다는 것은 있을 수 없는 일이다. 이럴 때 필요한 것이 필자의 경험과 노하우가 필요한 부분이다. 그렇다면 위 관련 관광호텔의 사업 면허를 양도양수 없이 직권으로 발급을 받아야 하는데 그 직권발급 과정이 녹록지 않다.

관할 시, 군, 구청의 관광 사업을 담당하는 관광과는 "문화체육관광부"로부터 그 사무를 위임받아 처리를 할 수 있는데, 그 면허의 이전은 철저히 사업의 양도양수를 원칙으로 하고 있다. 그러면 필자는 어떤 방법으로 관광 사업면허 및 숙박사업면허를 비용 지불 없이 직권으로 양도양수 없이 발급을 받는지 살펴보도록 하겠다. 이렇게 직권으로 종전 관광사업의 면허를 가져오기 위해서는 관련 법률을 잘 활용을 하여야 하는데 그 법률로 인하여 시, 군, 구청의 관광과 주무관들과 많은 충돌이 생기기도 한다. 관광 진흥법을 이번 물건을 해결하는데 적용하였다.

관광 진흥법 제8조 2항 및 제8조 2항의 2를 기초하여 법령이 정하고 있는 시설의 전부를 인수한 자라고 표현하는 법령에 맞게 입증을 하여야 하는데 보통 필자가 입증서류 등을 첨부하여 만드는 서류의 종류 및 그 양이 A4용지 기준 약 100페이지 정도 된다고 이해를 하면 편할 것이다. 매번 느끼는 것이지만 이 업무가 완료되기까지 참 어렵다는 것이다.

생략하고 관광사업 면허를 교부받기까지 소요되는 시간은 최대 15일 빠를 때는 3일 이렇게 교부를 받는 절차를 거쳐 면허를 취득하게 되는데 지금까지 필자의 경험으로 이런 방법으로 면허를 취득한 사례가 없는 것으로 알고 있다. 전무후무하다는 표현이 있는데 실무에 있어서 여러 변호사들이 자신 있다고 업무의 대행을 했지만 성공한 사례가 없다. 관광호텔의 면허가 있어야 숙박업 허가를 득하고, 영업을 할 수 있는데, 그렇다면 그 업무를 규정하고 있는 공중위생관리법을 적용했다.

공중위생 관리법 제3조 2의 1항, 2항에 근거하여 허가를 득하는 철차를 거치게 되는데 이 또한 앞 절차와 동일하게 시설의 전부를 인수한 자라는 관련 법령을 우리가 입증하여야 한다는 점이 있다. 필자가 이렇게 쉽게 법률을 소개하고 이렇게 한다라고 표현은 하지만 상당한 노력과 시간, 준비하는 자료 및 서류의 양이 상당히 방대하다는 설명을 추가할 수밖에 없다는 점을 강조한다. 허가를 받기까지는 최대 3일 정도 소요되며, 위 2가지의 면허를 득하는데 들어가는 비용은 각 면허세 2만 원이다. 이렇게 건물의 유치권을 해결하고 관광호텔의 사업면허 및 숙박업 사업허가를 완료하기까지 총 소요되는 시간은 대략 길게 잡아 20일 정도라고 보면 되고 총 비용을 얼마를 들여서 유치권을 해결하고 관광호텔 면허, 숙박업영업 면허를 완료하였는지 살피도록 하겠다.

유치권 해결 소요 비용.

크레인 2대 900,000원

건물봉쇄 갈바륨 비용 및 인건비 5,000,000원(갈바륨은 1일 임대)

필자의 필요인원 용역 인건비 15,000,000원

관광 사업면허증 면허세 28,000원

숙박업영업 면허 면허세 28,000원

1+2+3+4+5 = 20,956,000원

특수물건을 정상적인 물건으로 만드는 비용지출 20,956,000원

위 사건은 이렇게 종료하고 건물의 소유주에게 인도하여 주고 필자는 업무를 종료하였다.

끝으로 명도팀이 맡은 업무는 위 물건 관련 최소비용으로 특수물건

을 정상물건으로 만든 후 인계를 하는 과정까지이다.

그렇다면 위 건물의 특수성을 잘 살려 그 특수성을 철저하게 건물의 낙찰인에게 돌아갈 수 있게 하는 것이 필자의 역할이며, 그 절감된 비용은 오롯이 건물의 낙찰자의 수익으로 돌아가게 만드는 것이 명도팀이 하는 역할이다.

유치권이란 특수한 상황의 물건은 사실은 법으로 해결하기는 한계가 있고, 설사 법으로 해결한다고 하여도 시간 약 4년, 최소 5~7억의 비용'이 지출되며, 재판이라는 것은 끝까지 가 봐야 결과를 예측할 수 있음으로, 그 결과를 재판이 종료되기 전까지 예단하기도 사실은 어렵다.

필자는 30년 전부터 현재까지 부동산경매를 해 왔지만 사건마다 그 케이스가 각각 다르고, 현장상황이란 것이 천차만별인지라 물건의 선택 수익구조, 향후 매각 시 예상되는 최종 수익 등, 사전에 철저한 권리분석과 권리분석의 해결이 전제되어야 된다는 것을 강조드리며, 위 사건의 설명을 마치도록 하겠다. 모두들 특수물건의 특수성을 잘 활용하여 최고의 수익을 창출하는 부동산 경매의 **developer(디벨로퍼)**가 되길 응원하겠다.

(5) 경기도 포천 공장 의정부지방법원 '2015타경 24228' 229% 수익

사건번호	2015타경24228	감정가	3,600,000,000
소재지	경기 포천시 가산면 정교리 10-2	채권매입	1,200,000,000
물건용도	공장	낙찰가	1,500,000,000
토지면적	4,365평 14,429㎡	경락대출	1,150,000,000
건물면적	520평 1,719㎡	투자금	350,000,000
매입방식	채무인수	환급	300,000,000
비고		1년 후	
		재감정대출	
		매각가	2,000,000,000
수익률	229%	총수익	800,000,000

이 물건은 공장인데 감정가 36억 NPL채권을 12억에 채무인수방식으로 매입하고 15억에 낙찰 받고 경락잔금 대출 11억 5,000만 원을 받았다. 공인중개소에서 식당에 주방용품 납품하는 회사에 넓은 공장을 찾는 매수자에게 법인 양도양수로 20억에 매각하고 3억 5,000만 원을 투자해서 8억 수익이 되었다.

의정부 지방법원 의정부 10계 2015타경24228호

소재지: 경기 포천시 가산면 정교리 12-11 1동호[부흥로 664] 외 9
　　　개 목록
물건종류: 공장
건물면적: 1713.98㎡ (518.48평)
대지권: 14430㎡ (4365.08평)
매각물건: 건물전부, 토지전부

입찰 진행 내용

1차 2015-11-10 3,619,711,600 유찰
2차 2015-12-15 2,895,769,000 유찰
3차 2016-01-19 2,316,615,000 유찰
4차 2016-02-23 1,853,292,000 유찰
5차 2016-03-29 1,297,304,000 유찰
6차 2016-05-03 908,113,000 낙찰

낙찰 1,502,000,000원 (41%)
(응찰 : 6명 / 낙찰자 : 주OOOOOOO)
매각결정기일 : 2016.05.10 - 매각허가결정
대금지급기한 : 2016.06.17 - 기한 후 납부
대금납부 : 2016.06.17 / 배당기일 : 2016.08.10
배당종결 : 2016.08.10.

물건의 설명

경기도 포천시 가산면 정교리 소재 "정교초등학교" 남동 측 원거리에 위치하며, 부근은 공장, 창고, 농경지, 농가주택 및 마을 주변 야산 등이 혼재되어 있는 지역으로서 주위환경은 보통 수준이었다. 본 건까지 차량의 진출입이 가능하고, 인근에 버스정류장이 소재하는 등 일반 교통사정은 보통 수준이었다. 3필 일단의 부정형 토지로서 북하향의 경사지를 보강토 등을 쌓아 계단식으로 부지 조성하였으며, 공장용지로 이용 중(일부 경관녹지 등임)이었다.

- 가. 현황
- (1) 목록 1.2.3.의 공장용지 지상에 목록 4. 5. 6. 7. 8. 9. 10.의 일반철골구조 판넬 지붕 단층공장이었다.
- (2) 목록 3.의 지상에 제시 외 판넬 지붕의 약 5평가량의 창고건물 있었다.

명도 관련

위 물건의 특징은 공장 부지의 토지가 차지하는 비율이 상당히 높은 편으로 그 지역에 이런 토지를 매입할 수 있다면 그 자체만으로 상당한 메리트가 있으며, 그 토지의 효용성 때문에 상당한 시세 차익을 거둘 수 있는 물건이다. 물건의 이용은 섬유회사가 원단을 생산하여 코오롱에 납품하는 2차 밴드 공장으로 생산 및 생산한 원단의 보관을 낙찰받은 공장, 창고에 하는 그런 형태의 공장이었다. 필자는 명도를 하기 위해 현장에 방문했을 때 창고에 원단 완제품이 상당히 많이 보관 중이었고, 큰 대로변 맞은편에 낙찰 받은 공장의 다른 법인(같은 회사 이지만, 법인명을 다르게 운영 중에 있었다)이 운영하는 공장의 원단 완제품을 낙찰받은 공장에 보관 중이었다.

그 상황을 판단한 필자는 당 사자들의 의견 및 향후 처리 방안을 물어보기 전에 집행신청을 먼저 하였다. 집행비용은 약 50만 원 정도 예납, 1차 집행기일 집행관, 집행의 보증인 2인과 필자 현장에 도착하여 집행기일 최고를 기습적으로 먼저 처리하고, 위 관련 공장의 관계자를 만났다. 필자가 이렇게 집행을 먼저 선택한 이유는 그 당시 창고에 보관 중인 원단의 완제품의 양이 상당하였다. 그렇다면 강제 집행을 단행할 경우 그 원단은 용역 창고에 보관 후 동산 경매를 통하여 필자가 부담한 집행비용을 충당 한 후, 남는 금액이 있다면, 창고 비용(낙찰받은 공장의 원단 완제품을 보관한 비용)을 공제하는 절차를 거친다. 적어도 필자가 지출한 비용의 전부를 돌려받는 것은 식은 죽 먹기였다. 그런 절차를 거친 후 필자는 공장 관계자를 만났다, 공장 관계자에게 강제 집행을 단행할 예정이니 그렇게 알고 있어라, 그러니 공장 관계자는 상당히 당황했다.

집행 기일을 최고 하는 집행을 1차 진행 후, 공장의 출입구를 필자가 이미 봉쇄를 하였고, 필자가 설치한 잠금장치를 공장의 관계자는 마음대로 해제를 할 수가 없으니 우선 그 공장에 보관 중인 원단의 문제가 먼저 발생했다. 원단을 가져가는 것은 필자의 동의를 받아야 가능한 부분이고, 그 공장은 원단을 출고해야 하는 입장이고, 그 공장 관계자는 참 난감한 상황에 놓였다. 필자가 제안을 하였다 일주일 안에 낙찰 받은 공장에 보관 중인 원단을 전부 치우지 않으면 지정된 집행기일 집행 처리를 하겠다. 그리고 매일 창고의 이용 요금을 지불하라고 했다.

그 공장 관계자는 사정하면서 기일을 충분히 달라고 하였다 물건을 정리하겠다고, 필자는 단 일주일 시간을 줄 테니 원단을 다른 곳으로 이동을 시켜 달라고 했다. 아니면 낙찰받은 물건의 전부를 창고로 임대를 하여 줄 테니 정상적으로 계약을 하고 사용을 하여라. 그래서 위 물건은 그 공장과 임대차 계약을 체결하고 월세를 재미나게 받으면서 명도의 처리를 완료한 사건이었다. 위 물건의 명도를 처리 하면서 필자가 늘 말하였던 명도의 정답은 현장에 있다는 것을 최대한 활용하여 처리한 사건이었다.

(6) 대구 달성군 채석장 대구지방법원 '2014타경 6807' 6개월 109% 수익

사건번호	2014타경6807	감정가	4,480,000,000
소재지	대구 달성군 가창면 삼산리 284-3	채권매입	1,670,000,000
물건용도	임야	낙찰가	
토지면적	127,257평 420,686㎡	질권대출	1,000,000,000
건물면적	86평 286㎡	투자금	670,000,000
매입방식	론세일	환급	
비고	채석장, 6개월 후 단기 매각	1년 후	
		재감정대출	
		매각가	2,400,000,000
수익률	109%	총수익	730,000,000

이 물건은 론세일 방식으로 매입한 물건인데 감정가 44억 8,000만원 채권최고액은 29억인데 16억 7천만원에 매입하였고 10억을 질권대출 받았다. 경매 낙찰가기 전에 4개월 만에 래미콘 회사에서 팔라고 연락 와서 24억에 임의 매각해서 6억7천만 원 투자해서 3개월 만에 7억3천만원 수익이 되었다. 임의 매각은 압류한 재산을 공적 경매 방법이나 강제 경매 따위의 법정 절차에 의하여 그 값을 환산하지 아니하고 거래할 수 있다.

론세일 방식은 채권 매입 시 채권가격 모두를 지급해서 비용이 많이 들어간다. 등기부등본에는 확정채권 양도로 나온다. 이런 물건은 특수 물건인데 환경문제로 채석장 허가가 잘 나오지 않는다. 유치권 문제로 경락잔금대출이 나오지 않아 재경매가 나온 물건인데 일반 경매는 이렇게 보증금을 날려야 하지만 NPL경매는 유동화 회사에서 채권을 매입했기 때문에 경매기일 변경 및 정지나 취하도 할 수 있다.

유동화에 넘어간 물건은 어느 정도 교통정리가 되어 있기 때문에 크게 문제가 될 건 없다. 매각이 빨리 되지 않더라도 6개월에서 1년이면 감정가의 60~70% 재감정대출과 운영대출이 나와서 투자금 탈출은 문제가 없다. 경매를 하다 보면 차순위 신고를 하는 사람들에게 팔 생각이 있는데 협상하자고 해서 파는 경우도 있다. 독자들도 NPL경매를 알고 나면 부동산 투자에 재미와 흥미를 느낄 수 있다.

(7) '2012타경 22004' 1267% 수익

사건번호	2012타경22004	감정가	4,300,000,000
소재지	광주 동구 금남로 5가 128	채권매입	1,600,000,000
물건용도	상가	낙찰가	1,850,000,000
토지면적	175평 579.6㎡	경락대출	1,700,000,000
건물면적	886평 579㎡	투자금	150,000,000
매입방식	채무인수	환급	250,000,000
비고		1년 후	
		재감정대출	
		매각가	3,500,000,000
수익률	1267%	총수익	1,900,000,000

이 물건은 전라도 광주 7층 건물이었는데 허위 유치권으로 전 소유자가 유치권 신고했지만 유치권 성립요건이 안 되었다. 감정가 43억대 물건을 16억 NPL채권을 채무인수방식으로 매입하여 낙찰은 18억 5,000만 원에 받았다. 투자금액은 1억 5,000만 원이었는데 낙찰 뒤 배당 수익으로 2억 5,000만 원 환급되고 4년 동안 월세를 받다가 4년 뒤에 35억에 매도하여 19억의 수익이 되었다. 그런데 여기 세입자로 있는 병원장을 하는 분들은 7억이라는 인테리어비와 보증금을 내고 월세를 내고 있었고 은행이자를 내고도 800만 원 이상 월세가 나오는 건물이었다.

그런데 NPL경매를 몰라서 누구는 세입자가 되고 누구는 건물주가 된다. 자본주의에서는 이런 금융지식을 알아야 한다. 이 의사들은 필자보다 더 머리가 좋다. 하지만 경매공부를 더 먼저하고 실전에 투입해 본 사람이 더 자본주의에서 자산이 많아지고 부자가 된다. 이런 NPL경매로 권리관계를 깨끗하게 해서 감정가보다 저렴하게 대출을 끼고 의사에게 팔았다. 월세가 올라가고 다른 건물로 이사 가면 또 인테리어 비용이 나가니 건물을 사서 이자를 내는 편이 훨씬 좋다. 현재 건물의 가치는 60억 정도 된다. 15년간 NPL경매를 30건 가까이 진행하면서 책에 알려 주지 못한 사례가 너무 많다.

광주지방법원 광주2계

사건번호 : 2012타경22004
소재지 : 광주 동구 금남로5가 128 외 3개 목록
물건종류 : 근린시설
건물면적 : 2900.17㎡ (877.28평)
대지권 : 579.6㎡ (175.33평)
매각물건 : 건물전부, 토지전부
물건현황 : 지하1층, 지상7층 건물

입찰 진행 내용

1차 2013-05-02 4,323,856,580 유찰
2차 2013-06-13 3,026,700,000 유찰
3차 2013-07-25 2,421,360,000 유찰

4차 2013-09-05 1,937,088,000 유찰
5차 2013-10-17 1,549,670,000 낙찰

낙찰 1,855,555,500원 (43%)
(응찰 : 4명 / 낙찰자 : 공동입찰)
매각결정기일 : 2013.10.24 - 매각허가결정
대금지급기한 : 2013.11.27
대금납부 : 2013.11.27 / 배당기일 : 2013.12.26
배당종결 : 2013.12.26.

임대차 관계 조사서는 임차 목적물의 용도 및 임대차 계약 등의 내용이다.

1. [소재지] 광주광역시 동구 금남로5가 128
점유인 : 임** (**패션) 당사자구분 임차인
점유부분 : 주선(1) 용도 점포
점유기간 : 2009.07~현재
보증금 : 20,000,000 차임 월2,500,000
전입일자 : 2009.06.26 확정일자

2. [소재지] 광주광역시 동구 금남로5가 128
점유인: 손** (**중앙방사선과) 당사자구분 임차인
점유부분 : 주선(2) 용도 기타
점유기간 : 2008.08~현재
보증금 : 50,000,000 차임 월3,300,000

전입일자 : 2008.10.16 확정일자

3. [소재지] 광주광역시 동구 금남로5가 128
점유인 : 김** (**미인의원) 당사자구분 임차인
점유부분 : 주선(3) 용도 기타
점유기간 : 2010.12~현재
보증금 : 차임 월1,300,000
전입일자 : 2011.06.29 확정일자

4. [소재지] 광주광역시 동구 금남로5가 128
점유인 : **상조 당사자구분 임차인
점유부분 : 주선(4) 용도 기타
점유기간
보증금 : 20,000,000 차임 월2,200,000
전입일자 : 미 전입 확정일자

5. [소재지] 광주광역시 동구 금남로5가 128
점유인 : 최** (**멘토) 당사자구분 임차인
점유부분 : 주선(5) 용도 기타
점유기간 : 2012.07~현재
보증금 : 20,000,000 차임 월1,000,000
전입일자 : 2012.07.09 확정일자

6. [소재지] 광주광역시 동구 금남로5가 128

점유인 : 송**(테크) 당사자구분 임차인

점유부분 : 용도 기타

점유기간

보증금 : 차임

전입일자 : 2012.07.24 확정일자

7. [소재지] 광주광역시 동구 금남로5가 128

점유인 : 임** 당사자구분 임차인

점유부분 : 용도 기타

점유기간

보증금 : 차임

전입일자 : 2010.10.18. 확정일자

임대차 관계 설명

집행관 현황 조사에 의하면 임차인 7명 내 대항력 있는 임차인 1인 "대항력 있는 즉 낙찰인에게 대항력을 가지는 임차인 존재의 경우 임차인의 임차보증금은 낙찰자가 인수하여야 한다."

현장 명도 및 세입자 정리

1. 위 물건이 위치하는 금남로, 서울의 명동이라 생각하면 이해가 빠르다. 광주광역시 최고 번화가 맞은편에 옛 전남도청이 자리하고 있고, 건물 앞 지하철역 입구가 자리한 광주광역시 중심가에 본 건물이 위치하고 있고, 본 물건이 압류되어 경매 기입등기 당시에는 "미국발 금융위기 골드만삭스, 모건스탠리, 메릴린치에 이은 세계 4위의 투자은

행(IB)으로 꼽혀온 리먼 브라더스(Lehman Brothers)가 2008년 9월 15일 새벽 뉴욕 남부법원에 파산보호(챕터11)를 신청하면서 글로벌 금융위기를 촉발시킨 사건이다. 서브프라임 모기지 부실과 파생상품 손실에서 비롯된 6,130억 달러(약 660조 원) 규모의 부채를 감당하지 못한 것이다. 이는 역사상 최대 규모의 파산으로 기록되면서 글로벌 금융시장과 부동산시장에 엄청난 충격을 몰고 왔다. 이날 하루 동안에만 미국과 유럽은 물론 아시아 증시까지 2~4% 일제히 폭락했으며, 글로벌 금융위기와 10여 년에 걸친 세계경제의 장기 부진을 예고하는 신호탄이 되었다.

리먼 브라더스는 1850년 설립된 국제적인 투자은행으로 글로벌 주식 채권 인수 및 중개, 글로벌 기업 인수·합병(M&A) 중개, 사모펀드 운용, 프라이빗 뱅킹 등을 담당해 왔다. 계열사로는 리먼 브라더스 은행, 노이버거 베르만, 오로라 론서비스, SIB모기지 등이 있다."

위 미국발 금융위기 덕분에 세계는 장시간 금융위기 해당이 되지 않은 나라는 없었다. 대한민국 역시 직격탄을 맞아 금융시장 불안으로 국내 경기 최악, 대출받아 건물, 아파트, 주택 등 취득한 건물주들 금융비용 감당하지 못해 줄줄이 도산되었다.

"이럴 때 부동산 경매시장은 최고 호황기 물건 입맛대로 선별하여 줍, 줍" 보통 금융관련 악재가 1년 정도 간다면, 부동산 경매시장은 최소 5년에서 최대 10년 초 호황기에 접어든다고 생각하면 될 것이다.

그렇다면 2022년 미국, 한국, 전 세계, 고금리정책 그러면 부동산 경매시장 최대 10년의 호황기에 접어들었다고 빠른 판단을 해야 할 것이다.

부동산 경매시장이 활성화 및 호황기에 있으면, 건설시장은 불황기,

늘 반복되는 불변의 대한민국 경제원칙, 이 판단은 1993년부터 부동산 경매실무를 담당하였던 필자의 경험을 말씀드리는 것이다.

필자의 의견으로는 부동산 경매시장의 호황기는 최대 7년 정도 맞이할 것으로 예상이 되는 상황이다. 위 물건의 임차인 7명 낙찰 후 면담하러 현장을 방문, 이런저런 현장 조사 결과 "낙찰인에게 대항력을 가지는 임차인은 가정 임차인으로 조사가 됐고." 그렇다면 낙찰받은 우리 쪽에서 임차인을 인수하는 부담이 없어졌고, 첫 방문은 간단하게 얼굴도장 찍는 거로 마무리하고 필자는 귀경했다.

2. 현장 방문 2번째(대금 납부 전) 위 건물의 세입자 중 "방사선병원, 성형외과" 원장을 만나 시설물을 원상 복구하여("사실은 부동산경매 임차인은 원상복구 의무가 없음") 병원의 시설을 철거할 것을 고지하고 2번째 현장 방문을 종료 후 사실은 광주에 맛집이 많은 관계로 광주 동구 위치한 횟집방문 "삼치회, 소주 한잔 일박" 삼치회는 역시 양념장 기가 막히게 만들어서 찍어 먹는 게 최고이며 이 맛집의 양념간장은 대한민국 최고였다.

3. 2번째 현장 방문에서 병원을 운영하고 있었던 두 원장에게 상황을 이야기하고 병원의 임차를 원하니 조건을 조금 좋게 하여 임대를 할 수 없겠냐는 전화를 받고 광주로 내려가 임대차계약을 체결, 임대차계약조건 건물의 전부를 사용하는 조건으로 했다. 이렇게 간단하게 명도, 임대차계약을 종료하였던 기억이다. 그렇게 건물 전체를 임대한 병원은 성형외과, 피부미용, 애견, 커피숍, 등 전체를 병원장이 운영하였고 추후 병원장이 건물을 매입하였다. 필자는 소송을 통하여 명도한 사례가 기억에 없다. 현장에 나가서 명도 대상자를 만나 보면 그 안에서 답을 찾을 수 있기에, 비용과 시간이 많이 들어가는 소송을 하여 명도

를 한다는 것은 사치라는 생각이다. 위 물건의 경우 광주 내려가는 기름값, 삼치회, 하루숙박비용 정도의 비용을 투자하여 명도를 종료했던 물건이었다. 명도의 정답은 현장에 있다.

(8) 대구지방법원 김천지원 '2013타경 1203' 600% 수익

사건번호	2013타경1203	감정가	1,245,000,000
소재지	경북 구미시 원평동 1053-8	채권매입	600,000,000
물건용도	숙박시설	낙찰가	800,000,000
토지면적	118평 390㎡	경락대출	700,000,000
건물면적	368평 1,216㎡	투자금	100,000,000
매입방식	채무인수	환급	200,000,000
비고	임대. 1.5억/650	1년 후	
		재감정대출	
		매각가	1,200,000,000
수익률	600%	총수익	600,000,000

　이 물건은 구미에 있는 모텔인데 감정가 12억 4,500만 원 물건을 NPL채권을 채무인수와 사후정산이 합쳐진 방식으로 6억에 매입해서 계약금 10% 6,000만 원을 주고 유동화 회사에서 대리 입찰을 해 줘서 8억에 낙찰 받고 경락잔금 대출 7억에 받아서 낙찰받아서 2억을 환급 받았다. 주변에서 영업정지 되어 노래방을 하시는 사장님이 12억에 사 갔다. 모텔에 500만 원 월세 주점에 보증금 5,000만원에 150만원 월세를 받았는데 경락잔금대출 7억에 이자가 250만 원 나왔는데 월세 650만 원에서 이자를 내었다. 1억 투자해서 1년 뒤 12억에 매각해 6억 원 수익이 되었다.

대구지방법원 김천1계 2013타경1203호

소재지 : 경북 구미시 원평동 1053-8 [송원서로8길 45] 외 1개 목록
물건종류 : 숙박업소
건물면적 : 1188.2㎡ (359.42평)
대지권 : 390.8㎡ (118.22평)
매각물건 : 건물전부, 토지전부

입찰 진행 내용
1차 2013-07-25 1,244,941,870 유찰
입찰변경 2013-08-27 871,460,000 변경
2차 2013-09-27 871,460,000 유찰
3차 2013-10-30 610,022,000 낙찰

낙찰 759,850,000원 (61%)
(응찰 : 2명 / 낙찰자 : 구OOOO)
매각결정기일 : 2013.11.06 - 매각허가결정
대금지급기한 : 2013.11.26 / 미납

입찰변경 2013-12-27 610,022,000 변경
4차 2014-01-24 610,022,000 유찰
입찰변경 2014-02-26 427,016,000 변경
5차 2014-04-25 427,015,000 낙찰
낙찰 800,000,000원 (64%)

(응찰 : 4명 / 낙찰자 : 윤OO / 차순위 : 735,000,000)
매각결정기일 : 2014.05.02 - 매각허가결정
대금지급기한 : 2014.05.30
대금납부 : 2014.05.26 / 배당기일 : 2014.06.27
배당종결 : 2014.06.27.

부동산 현황
- ㄱ. 본 건 건물은 공부상 표시와 같이 현존하고 있음(사진3, 4, 5, 6, 7, 8, 9참조)
- ㄴ. 본 건 건물에는 별첨 사진10, 11과 같이 제시 외 건물이 소재하고 있음.

소유권 현황
2012.03.30
(20046) 소유권이전 유** 외1 전 소유자:진** 매매(2012.03.06.)

명도관련

본 건은 지하1층(가요주점) 지상5층으로 1층은 주차장 2층부터 숙박업소로 이용 중인 건물이었다.

위 물건은 처음 권리관계 분석 시 문제점이 좀 많았다. 위에서 확인할 수 있듯이 소유권이 2인이었고, 종전 낙찰자는 낙찰을 받았다가 입찰 매수 보증금을 몰취 당하면서까지 포기를 했던 물건으로, 종전 낙찰인은 변호사를 선임하여 변호사가 숙박업의 허가를 받아 주겠다는 조건으로 입찰에 참여를 하였으나, 낙찰 후 소유주를 찾다가 보니, 소유권이 2인이었고, 그 중 한 명의 소유권자는 호주로 이민을 떠난 상황이었다.

그 외 소유권을 가지고 있는 한 명은 사기로 수배 중이어서 도망 다니는 신세였고, 그 소유주의 삼촌이라고 하는 분이 일을 대신 보는 상황이었다.

위 물건의 큰 고민거리는 숙박업 허가를 양수도 받아야 하는 상황인데 소유주가 한 명은 이민, 한 명은 도피 생활 중, 돈을 주고 숙박업 양도양수를 받고 싶어도 불가능한 물건이었다.

종전 낙찰자는 변호사만 믿고 물건은 낙찰받았으나, 필자가 위에서 서술하듯 소유주들과 만남이 불가능하였고, 숙박업 허가를 담당하는 구미시청 위생과는 숙박업 허가를 종전 낙찰자 명의로 하는 방법은 숙박업허가 양도양수를 받아 오라는 원론적인 입장을 바꿀 생각이 없이 원칙에 입각하여 허가증을 교부하겠다는 말만 되풀이하였다.

그러한 사정 때문에 종전 낙찰자는 낙찰을 포기하였고, 매수보증금은 당연히 법원에 몰취를 당한 사건이었다.

그렇다면 필자는 어떻게 위 권리관계를 해결하고 숙박업 허가를 득하여 운영하다가 13억 정도에 매각을 할 수 있었을까?

직권으로 숙박업 허가를 득하는 기술은 아마도 대한민국에서 필자를 따라올 사람이 없다는 것을 다시 한 번 강조하고 싶다.

필자는 변호사 말만 믿고 입찰 참여를 하였다가 위와 같은 사례로 낭패를 보는 사람들을 참 많이 봐 왔었다.

또 그런 분들이 하다가, 하다가 안 돼서 필자에게 부탁을 하여 숙박업 허가를 직권으로 내어준 사례도 참 많았던 것으로 기억된다.

참고로 직권으로 숙박업 허가를 구미시청 관할에 했던 건만 2건이었다.

위 물건에서 50m정도 떨어진 거리에 위치하였던 모텔이었는데 부동산경매로 낙찰을 받은 후 숙박업 허가를 내지 못하여 모텔의 용도로 사용을 하지 못하고, 월세 방만 놓아서 운영을 하던 모텔이었는데, 필자에게 부탁을 하여 숙박업 허가를 낸 후 지금까지 모텔로 운영을 잘하고 있는 모텔도 있다.

그 회장님은 대구에서 작은 건설업을 운영하는 분인데, 아들 앞으로 입찰에 참여하여 낙찰은 받았으나, 숙박업 허가를 낼 수 없어서 필자를 만나기 전까지 월세만 임대하여 주면서 겨우 겨우 모텔을 운영해 왔었다.

처음 필자를 만났을 때 숙박업 허가를 낼 수 있다는 것에 대한 불신이 참 많았던 분이다.

허가 없이 3년여를 월세만 놓았던 이력을 가지신 분이라 그분 생각에 약간 필자도 공감은 할 수 있었다. 그 분 나름대로 숙박업 허가를 내려고 별의별 짓을 다 해봐도 허가를 낼 수 없어서 할 수 없이 건물을 비워 둘 수 없으니, 월세를 놓아서라도 운영을 해 보자 하는 생각으로 운영을 해 왔다면서 숙박업 허가를 낸다는 것에 기대를 전혀 하지 않은 상태에서 필자를 만나 허가를 낼 수 있다면 다행이고 못 내도 이상할 것이 없다는 생각을 가지고 있었다.

처음 필자를 만났을 때 비용을 허가증을 내어 가지고 오면 지불하겠다. 라고 말씀하면서, 부탁을 했다.

그분을 직접 안 것은 아니지만 필자의 지인하고 각별한 관계를 유지하고 있는 분이라 필자도 그분의 요구 조건에 동의를 하고 일을 시작한지 20일 만에 그분 아들 명의로 숙박업 허가를 교부받아 전달해 드렸다.

그제야 그분이 아주 기뻐하면서 처음에 가지고 있었던 본인의 생각이 잘못되었음을 필자에게 사과하면서 몰라 뵈어서 죄송하다고, 감사에 뜻으로 양복을 한 벌 선물해 드리고 싶다고 하여 양복까지 선물받았다.

그리고 대구 동대구역 앞쪽에 예전에 모텔을 낙찰받은 물건이 있는데 그 모텔도 숙박업 허가를 내지 못하여 고시원 방으로 건물을 사용하고 있다고 그 모텔의 숙박업 허가를 부탁하여 허가를 내준 기억이 있다.

아직까지 그 김○○회장님과는 잘 지내고 있으며, 회장님이 필자에게 부동산 경매 관련하여서는 필자에게 조언을 많이 구하는 편이다.

필자가 숙박업 허가를 양수도 없이 직권으로 내는 방법은 철저하게 법률로 규정되어 있는 강제집행법, 공중위생관리법에 기초하여, 지자체의 귀책이 발생하지 않게 완벽하게 서류를 구비하여 발급을 받는다.

그 방법은 책 앞머리 강원도 관광호텔을 참고하면 이해가 한결 쉬울 듯하다.

필자의 강의를 듣다가 혹 의구심이 많은 분들은 변호사도 못 내는 허가를 무슨 수로 내냐는 분들도 있고, 본인이 위생과 관련 공무원으로 근무를 하다가 퇴직을 하였는데 그건 양수도 없이 불가능하지 않냐라는 분들도 있다.

법률에 의하여 적법한 절차를 거친 후 숙박업 허가를 직권으로 내는 필자가 잘못된 것일까?

법률에 의거하여 적법하게 허가를 내지 못하는 변호사가 잘못된 것일까?

상상은 여러분들의 몫으로 남길까 한다.

위 물건 낙찰 후 경락잔금 대출은 필자의 아주 친한 지인 형님이 대구은행 지점장으로 있어서 그 형님한테 부탁하였고 낙찰 금액의 90% 경락잔금 대출 본 건 자부담은 거의 없이 취득하게 되었다.

1년 조금 넘게 운영을 하다가 13억 매각, 채권을 사후정산 방식으로 매입을 하여 낙찰을 받았으니 그 수익률이 600%를 육박하게 남겼던 물건으로 기억이 난다.

필자가 처음부터 매각 시까지 일 처리를 하였던 관계로 위 물건에 대하여는 누구보다 잘 알 수밖에 없었다.

부동산 경매의 꽃이라 할 수 있는 특수물건, "유치권, 숙박업소" 이해관계만 풀어낸다면 여러분들은 로또복권 1등에 당첨되는 행운을 얻은 것과 같은 효과를 누릴 수 있다.

이런 것들 때문에 다들 부동산 경매로 취득하면 상당한 시세 차익을 남기고 매각할 수 있다는 생각을 가지는 것 아닐까 한다.

여러분들 지금도 늦지 않았다. 부동산 경매 시장에 도전하라!

아무것도 하지 않으면 아무것도 이룰 수 없다.

필자가 여러분들을 도와드리겠다.

(9) 대구지방법원 상주지원 '2013타경 3059' 250% 수익

사건번호	2013타경3059	감정가	2,800,000,000
소재지	경북 문경시 문경읍 온천강변2길 38	채권매입	1,000,000,000
물건용도	숙박시설	낙찰가	1,300,000,000
토지면적	419평 1,385㎡	경락대출	1,100,000,000
건물면적	1,048평 3,464㎡	투자금	200,000,000
매입방식	채무인수	환급	300,000,000
비고	직영운영, 월평균 2.5천 수익	1년 후	
		재감정대출	1,400,000,000
		매각가	1,500,000,000
수익률	250%	총수익	500,000,000

이 물건은 경북 문경 호텔인데 기존 동업하는 대표 중 한 명이 호텔 돈을 유용하고 도망갔다. 그래서 부채가 많아져서 경매에 나온 물건이었다. 이사 비용을 3천만 원으로 합의하고 명도해서 내보냈다. 감정가 28억대 물건을 NPL채권을 10억에 채무인수방식으로 매입해서 낙찰을 13억에 하고 경락잔금대출 11억을 받아 월 2,500만 원 수익이 나고 재감정대출 14억이 나와 2억을 투자해서 15억 원에 매각하여 5억 수익이 되었다.

대구지방법원 상주1계 2013타경305호

소재지: 경북 문경시 문경읍 하리 398-2 [온천강변2길 38] 외 1개 목록
물건종류: 숙박시설
건물면적: 3467.12㎡ (1048.8평)
대지권: 1385.3㎡ (419.05평)
매각물건: 건물전부, 토지전부

입찰 진행 내용

1차 2013-11-12 2,817,782,860 유찰
2차 2013-12-17 1,972,448,000 유찰
3차 2014-01-14 1,380,714,000 유찰
입찰변경 2014-02-11 966,500,000 변경
입찰변경 2014-04-15 966,500,000 변경
4차 2015-07-21 966,500,000 낙찰

낙찰 1,310,000,000원 (46%)
(응찰 : 2명 / 낙찰자 : 우OO)
매각결정기일 : 2015.07.28 - 매각허가결정
대금지급기한 : 2015.08.18
대금납부 : 2015.08.18 / 배당기일 : 2015.09.18
배당종결 : 2015.09.18.

부동산 현황
일괄매각. 임대차 관계 미상의 사업자등록신청자(이**, 유** ,김**) 있음. 박**로부터 공사대금채권 금95,000,000원 및 정**으로부터 공사대금채권 금120,000,000원을 위하여 본 건 건물 전부에 관하여 각 유치권신고가 있었다.

명도관련
위 물건은 폐광지역 활성화 정책으로 문경시 문경읍 소재 온천관광특구로 지정된 곳에 위치하고 있으며, 건물의 2동을 건축하여 숙박시설로 활용하고 있었다.

물론 모텔이 위치한 온천지역이라는 장점 때문에 객실에서 온천수를 사용할 수 있게 되어 있다. 그 지역에 모텔촌이 형성돼 있으나 온천수를 공급받을 수 있는 숙박업소는 그리 많지 않다.

필자의 고향이 모텔이 위치한 부근 쪽이라 누구보다 모텔이 위치한 문경을 잘 알고 있었다.

낙찰 전 모텔을 방문하여 매각 부동산의 권리관계를 파악해 놓은 관계로 일 처리하는 과정은 그리 어려울 것은 없었으나, 문제는 문경에

국군체육부대(상무대)가 전라도 광주에서 이전하여 첫 세계군인체육대회를 개최하는 문제로 위 건물 모텔의 숙박 예약이 11월 첫 주까지 잡혀 있었다.

위 물건의 명도를 시급하게 처리하여야 하는 관계는 아니었지만 현장에 나가서 낙찰 전 모텔의 관계자들을 만나 보니 필자에게 그런 고충을 털어놓는 것이었다.

필자는 잠시 고민을 하다가 국가적인 행사이고 문경시에서 숙박업소의 예약을 사전에 끝낸 것을 확인하고 세계군인체육대회 관련 예약이 차질 없이 진행될 수 있도록 그 편의를 봐주기로 승낙을 하여 주었다.

여기서 한 가지 상기시키고 싶은 것은 부동산 경매란 것은 낙찰을 받을 당시 토지 및 건물을 낙찰받는 것이지 그 시설의 전부를 낙찰받는 것은 아니다.

착각할 수 있는 부분이라 다시 필자가 강조하는 것은 영업 시설의 유체동산(움직이는 재산)은 매각에서 당연히 제외된다.

종물 및 그 건물의 부합물에는 다른 해석을 하여야 한다. 그렇다면 건물의 명도 및 건물을 인도받는 과정에서, 어떤 방법으로든 유체동산의 인수 및 그 관계가 해소돼야 하는데, 흔히들 숙박업소를 낙찰을 받는 경우 과도한 비용을 요구 받는 경우가 숙박업의 허가권과 관련이 있는 것이라고 보면 이해가 좀 쉬우리라 생각한다.

모텔(숙박업)을 낙찰받는다는 것은 숙박업을 운영하겠다는 계획인데, 허가권을 넘겨받지 못하면 결국은 낙찰받은 숙박업의 운영이 불가능하다는 것인데, 그럼 굳이 숙박업소를 낙찰받을 이유가 있을까?

이런 일들로 본연의 숙박업소를 운영하지 못하고 월세(달방)로만 운영하는 무늬만 모텔(숙박업)이 많은 것을 필자는 알고 있다.

그렇다면 숙박업 낙찰 후 선택할 수 있는 것은 2가지 방법이 있다. 첫째는 허가권자의 양도양수를 받아 허가권을 취득하는 방법, 둘째는 허가소유주의 동의를 구하여야 가능한 방법인데, 대부분 허가소유주가 과도하게 양도 금액을 부르는 경우가 많다.

그래서 허가권의 양도양수가 과도한 비용 때문에 불가능한 경우가 현장에서는 불가능할 때도 많다. 그 이유 및 허가권자의 행방불명, 허가권 양도 거부 등 현장의 사례는 무수히 많이 생길 수밖에 없다. 그도 그럴 것이 경매를 당해야 하는 쪽 입장이 돼 보면 조금은 그들의 마음을 이해할 수 있다. 그래서 현장을 마무리할 때 많은 경험과 기술적인 노하우가 필요한 것이 부동산 경매 명도 부분이다.

위 건물의 명도를 필자가 처리하면서 숙박업소의 유치권 및 허가권 취득 및 대항력 있는 임차인을 정리하는데 지출한 경비는 대략 3천만 원 정도 그 비용의 대부분은 숙박업소의 유체동산(TV, 침대, 컴퓨터 등 숙박업에 필요한 물품)인수 비용으로 지출이 됐고, 그 외 비용의 지출이 없이 허가권까지 완료한 사건이었다.

그 기술적인 내용을 세세하게 글로 다 표현할 수 없지만 허가권 및 낙찰인에게 대항력을 가진 임차인을 정리하는 과정은 철저히 법률에 의한 법이 정하는 절차를 이용하여 필자가 처리하는 것이지 법을, 법률을 무시하면서 처리하는 과정은 없었다.

그래서 낙찰 부동산의 명도는 법 상식과 현장 경험이 그 현장을 정리하는 과정에서 반영될 수 밖에 없다.

명도에 기본은 법률의 이해와 적용 방법 및 그 기술이 기본이 된다고 필자는 늘 말한다.

부동산의 경매는 민사본안 재판의 소송절차다. 그렇다면 부동산 경매를 이해하는 과정에서 얼마나 많은 법률을 알아야 하고 그 법률의 적용을 받을까?

여러분도 한번은 고민을 해 봐야 할 것이다.

필자는 늘 말한다. 부동산 경매 취득 및 매각의 절차는 부동산 거래 형태의 최고 난이도의 부동산 상품이라고 그 상품을 매입, 매각하는 과정은 상당한 기술력이 필요하고 법률의 이해도가 필요하다는 것이다. 그래야 성공적인 부동산경매 투자의 수익을 실현할 수 있다.

(10) 춘천지방법원 영월지원 '2011타경3723' 667% 수익

사건번호	2011타경3723	감정가	5,370,000,000
소재지	강원 정선군 남면 무릉리 819-15	채권매입	2,000,000,000
물건용도	숙박시설	낙찰가	2,300,000,000
토지면적	263.17평 870㎡	경락대출	2,000,000,000
건물면적	1,253.54평 4,144㎡	투자금	300,000,000
매입방식	채무인수	환급	300,000,000
비고	위탁운영, 월평균 2천 수익	1년 후	
		재감정대출	3,400,000,000
		매각가	4,000,000,000
수익률	667%	총수익	2,000,000,000

강원 정선에 있는 호텔은 감정가 53억 7,000만 원 물건을 NPL채권 매입을 채무인수방식으로 20억에 매입하여 낙찰을 23억에 하고 경락잔금대출 20억 받았다. 그 전에 낙찰받은 사람은 유치권 때문에 경락잔금대출을 못 받았다. 불법유치권자가 15명이 있어서 은행에서 나와서 대출심사가 되지 않았다. 유치권 금액 10억을 요구했다. 객실 50개 1층에 주점이 있었다. 주점과 호텔 소유자 전부 돈을 요구하였다. NPL채권을 사면 경매기일을 변경할 수 있다. 필자의 회사에도 합법적인 법

무팀과 용역팀이 있다. 법원에서 인도명령을 받고 내보냈다. 허위 유치권이라는 법적서류를 은행에 제출해서 통과될 때까지 유동화 회사를 통해 경매 기일을 2번 변경할 수 있다. 그리고 호텔은 영업허가권이 중요한데 기존 운영자는 8억을 요구했지만 신규로 내는 노하우가 있어서 8억을 아꼈다. 이런 노하우는 돈으로 살 수 없는 경험이다. 그리고 낙찰받고 5개월 뒤 경락잔금납부를 했다. 위탁업체에 호텔을 운영을 맡기고 공과금, 세금을 제하고 남는 수익에서 절반 정산 받는다. 위탁업체는 영업만 해서 월 수익 2,000만 원 중 절반 가져가고 건물 짓는 비용이 안 들어가서 좋고 필자는 호텔운영을 해 보지 않아 맡긴 건데도 수익이 생겼다는 장점이 있다.

유치권 문제를 해결하고 복잡만 문제를 해결하고 정상적인 물건으로 만들어 놓으면 1년 뒤 재 감정대출을 34억에 받고 3억을 투자해서 4년 뒤 40억에 매각하여 20억 수익이 되었다. 매입하는 입장에서도 남는 구간이 있고 53억대 물건을 40억에 매입하며 대출 승계까지 하니 투자금을 조금만 들이고 건물을 가져갈 수 있다. 어떤 일이든 10년 이상 하다 보면 엄청난 내공이 생기는 것 같다.

춘천지방법원 영월4계

소재지 : 강원 정선군 남면 무릉리 819-15 외 1개 목록
물건종류 : 숙박시설
건물면적 : 4143.97㎡ (1253.53평)
대지권 : 870㎡ (263.18평)

매각물건 : 건물전부, 토지전부

입찰 진행 내용

입찰변경 2012-04-03 5,370,447,142 변경
입찰변경 2012-06-12 5,370,447,142 변경
1차 2014-04-29 5,370,447,142 유찰
2차 2014-06-03 3,759,313,000 유찰
3차 2014-07-08 2,631,519,000 유찰
4차 2014-08-19 1,842,063,000 낙찰

낙찰 2,200,000,000원 (41%)
(응찰 : 1명 / 낙찰자 : 김OO)
매각결정기일 : 2014.08.26 - 매각허가결정
대금지급기한 : 2014.10.02 / 미납

낙찰 2,351,000,000원 (44%)
(응찰 : 00명 / 낙찰자 : (OOOOOO)
매각결정기일 : 2015.11.03 - 매각허가결정
대금지급기한 : 2015.12.10 - 기한 후 납부
대금납부 : 2015.12.10 / 배당기일 : 2016.03.10
배당종결 : 2016.03.10.

참고사항

본 물건은 춘천지방법원 영월지원 2015타경30440호 사건보다 먼

저 낙찰받아 처리한 사건으로 처리방법 및 관광 사업허가, 숙박업허가, 처리 방법은 춘천지방법원 영월지원 2015타경30440호 사건에서 서술한 동일 한 방법으로 처리하였기에 처리 방법의 기술은 생략한다.

종전 입찰자 입찰 포기 건인데 현장에 유치권 권리를 주장하는 점유자들이 많았다.

위 물건은 사전에 경락잔금에 대한 협의를 중소기업은행과 협의 대출금액을 승인 후 입찰 참가하여 낙찰받은 물건이다. 위 물건의 대금 납부일이 2015. 12. 10. 보통 금융기관들은 사전에 협의되지 않은 대출은 당해 11월부터 취급하지 않았다.

그러나 위 물건은 입찰 전 이미 금융기관과 협의를 하여 대출금액까지 승인 낸 후 입찰에 참여하여 낙찰은 받은 물건임에도, 대금납부일 3일 전, 지점장이 다급하게 전화를 하여, 금융 사업본부에서 12월 대출 지급 전면 금지하라고 공문이 왔다면서 연락이 왔다.

"금융권은 대략 전년 11월 중순부터 대출 전면중지 다음 해 1월 중순 이후 대출 개시" 그런데 1월 중순이라는 것은 막연한 표현이고 보통 2월부터 대출승인의 지급을 개시한다.

그렇다면 위 물건의 대금납부는 참 난감한 상황이다. 대금 미납 시 입찰보증금 몰수, 추후 미납자는 입찰 참여 불가, 혹 입찰 참여를 하여 당일 최고가 매수인이 됐다고 하더라도 "낙찰 허가 결정일 불허가."이다.

기일연기 신청을 하면 되지 않냐 하고 의아하게 생각하는 분들이 있는데 위 물건은 경매 진행 당시 이미 기일 연기를 너무 많이 하였고, 문제는 위 물건의 소유주가 당 법원 해당 경매계에 민원을 제기하여 기일을 연기하여 주면 가만히 있지 않고 사회적인 문제를 만들겠다. 강력하게 민원을 제기한 상태여서 기일의 연기가 녹녹치 않았다.

대표 모임에 판사가 있어서 대표가 판사한테 조언을 구해 본다고 하기에 시간이 없으니, 빨리 확인하라고 명도팀은 말하였고, 필자는 확인해 보니 판사도 방법이 없다고 해서 막막해했다. 시간도 없는데, 필자는 그때 생각을 하면 참 바쁘게 움직인 기억이 난다.

우선 법원에서 경매업무를 담당했던 후배들에게 조언을 구했다.

전부 기일 연기가 불가하다는데 그중 한 후배가 **"형님 방법이 있습니다. 위 물건 담당 계장하고도 통화를 했는데 그렇게만 서류를 준비해서 신청해 준다면 사법보좌관의 승인이 가능할 거 같다는 연락이 왔다."**

그래서 필자의 후배가 신청서의 초안을 잡고 필자도 같이 신청서의 작업을 도왔다.

그 당시 춘천지방법원 영월지원 경매계에 접수하여 기일을 연기했던 신청서이다.

채무변제유예증서

채권자: ○○○

채무자: 주식회사 아이비관광호텔
       대표이사 최 **

춘천지방법원 영월지원 2011타경3723호 부동산 임의경매 사건과 관련하여 별지목록기재 부동산에 설정된 춘천지방법원 정선등기소 2006년 12월 28일 접수 제16767호 근저당권의 채권 금

2,340,000,000원에 대하여 채권자는 채무자에게 아래와 같이 변제의 이행을 미루어 줄 것을 확약합니다.

- 아 래 -

1. 변제예정일 : 2016. 2. 20.
2. 변제예정액 : 위 근저당권의 원금 및 이자액 전부

첨 부 서 류

1. 채권자 인감증명서 1통.
   2015. 12.   .
   채권자: ○○○ (000000-0000000)
   강원도 ○○○ ○○○

임의경매 집행정지 신청 정정 신청서

신청인(채권자): ○○○ (000000-0000000)
강원도 ○○○ ○○○

신청인의 2015. 12. 17.자 임의경매 집행정지 신청서의 신청이유 및 첨부 서류를 아래와 같이 정정합니다.

- 아 래 -

1. 2015. 12. 17.자 강제집행정지신청서의 신청이유 1항 "채권자는 위 경매사건의 원인채권인 근저당권에 관하여 별첨 채무변제이행증서와 같이 2016. 2. 20.까지 위 경매사건의 신청채권 전부를 변제받기로 동의하였고, 또한 위 경매사건의 최고가 낙찰자인 주식회사 **의 동의 또한 구하였으므로 위 신청취지와 같은 집행절차를 구하기 위하여 이 건 신청에 이른 것입니다."를 "채권자는 위 경매사건의 원인채권인 춘천지방법원 정선등기소 2006년 12월 28일 접수 제126767로로 설정된 근저당권의 채권 금2,340,000,000원에 대하여 별첨 채무변제유예증서와 같이 2016. 2. 20.까지 위 경매사건의 신청채권의 변제를 유예하여 주기로 확약하였고, 또한 위 경매사건의 최고가 낙찰자인 주식회사 중부의 동의 또한 구하였으므로 민사집행법 제266조 제1항 4호에 근거하여 집행절차의 정지를 구하기 위하여 이건 신청에 이른 것입니다." 으로 정정합니다.

2. 첨부 서류 "채무변제이행증서"를 "채무변제유예증서"으로 정정합니다.

2015. 12.   .
신청인(채권자): ○○○   (인)

위 두 서류가 대금납부의 기일을 연기하였고, 대금납부기일 내 대금의 미납 시 미납연체금이 상당하다 2% 일일계산 이 부분의 대금납부 지연이자(약 7천만 원)도 납부하지 않기로 결정을 받았다. 필자만의 노하우인 위 기일을 정지시킬 때 사용한 신청서 등을 공개하면 다른 사람들이 저 양식을 표방하여 사용하면 어떻게 하나 생각하는 분들이 계시지 싶은데, 필자는 아무 걱정하지 않는다. 많이들 애용해서 수익을 보길 바란다. 그렇게 어렵게 위 물건을 해결했던 기억이 난다.

(11) 대구지방 법원 '2016타경1012' 경북 울진 호텔 111% 수익

사건번호	2016타경1012	감정가	6,920,000,000
소재지	경북 울진군 울진읍 현내항길 97	채권매입	2,300,000,000
물건용도	숙박시설	낙찰가	2,700,000,000
토지면적	989평 3,722	경락대출	2,160,000,000
건물면적	1,651평 5,458	투자금	540,000,000
매입방식	채무인수	환급	400,000,000
비고	3개월 후 단기 매각	1년 후	
		재감정대출	
		매각가	2,900,000,000
수익률	111%	총수익	600,000,000

경북 울진 호텔에 감정가 69억 2,000만 원 물건인데 유치권과 영업 허가권 문제가 있었는데 NPL채권을 채무인수방식으로 23억에 매입하여 낙찰은 27억에 했다. 다른 사람이 30억에 낙찰받았지만 유치권 문제로 경락잔금대출이 안 나와서 보증금을 날리고 재경매가 나왔다. 그런데 필자는 경락잔금대출을 21억 6,000만 원 받았다. 물건이 정해지면 대출 협상을 하고 유치권이 허위인지 법적으로 알아보고 유치권 부존재 소송 판결이 은행에 있는데 은행에서 유동화 회사로 넘겨주고 유동화 회사에서 매입했기 때문에 증거 자료를 제출해야 은행에서 대출이 나온다. 경매에서 2등으로 떨어진 사람이 연락 와서 연수원으로

쓰고 주말은 호텔 운영을 한다고 법인 양도양수 계약으로 팔았다. 5억 4,000만 원 투자해서 3개월 만에 29억에 매각하여 6억 수익이 되었다.

NPL경매 시장은 여러분이 공부해서 전문가와 몇 번만 같이해 보면 건물주의 꿈을 이룰 수 있는 방법이 될 수 있다. 필자도 NPL 스승에게 배워 나가며 각 분야의 고수들에게 겸손한 마음으로 배워야 한다.

대구지방법원 영덕지원 2계

소재지 : 경북 울진군 울진읍 연지리 113 [현내항길 97] 외 2개 목록
물건종류 : 숙박시설
건물면적 : 5391.16㎡ (1630.85평)
대지권   : 3272㎡ (989.78평)
매각물건 : 건물전부, 토지전부
감정가격 : 6,921,770,190원

입찰 진행 내용
낙찰 3,015,000,000원 (44%)
(응찰 : 14명 / 낙찰자 : 김OO)
매각결정기일 : 2017.01.31 - 매각허가결정
대금지급기한 : 2017.02.23 / 미납

낙찰 2,705,000,000원 (39%)
(응찰 : 8명 / 낙찰자 : 주OOOOOOOO)

매각결정기일 : 2017.05.08 - 매각허가결정

대금지급기한 : 2017.06.08

대금납부 : 2017.06.02 / 배당기일 : 2017.07.19

배당종결 : 2017.07.19.

참고사항.(부동산경매 물건 유치권 설명 및 특수물건명도 참조)

본 물건은 춘천지방법원 영월지원 2015타경30440호 사건보다 이후 낙찰받아 처리한 사건으로 처리방법 및 관광 사업허가, 숙박업허가, 처리 방법은 춘천지방법원 영월지원 2015타경30440호 사건에서 서술한 동일한 방법으로 처리하였기에 처리 방법의 기술은 생략한다.

명도 이야기

본 물건이 위치하는 "경북 울진" 어디서 출발하여도 도착하는 시간은 2시간 30분에서 3시간, 그리고 중요한 것은 "지역색이 무진장 강하고, 지역텃세 또한 굉장한 지역"이다.

현장을 방문하여 현장 상황을 파악하였다. 참으로 기가 막힌 상황이었다. "필자가 대구에 있는 법무법인을 선임하여 명도 처리를 부탁하였으나, 현장에 나가서 관련자들을 만나 보니 법무법인에서 일만 키워 놓은 그런 상황이었다." "그쪽 요구 조건은 현금 3억 5천 + 호텔 정원에 있는 소나무 전부, 유체동산(호텔내부객실 비품전부) 별도, 호텔허가권 별도." 일단 현금으로 3억 5천을 가지고 오고 그 후 위 조건들을 상의하자는 것이었다.

법무법인에서 이상하게 합의안을 만들어 놓은 그런 상황이었다. 더 중요한 것은 울진지역 불법유치권자들이 이 호텔의 회장에게 큰형님

한다는 것이었다.

 필자는 저런 합의안을 제시하는 저것들 머릿속에는 도대체 뭐가 들어 있는지 머리를 확인을 해 보고 싶었다. 필자는 울진관광호텔 회장을 만나 최종안은 1억 5천만 원이니까 그 금액에 협의를 하지 않는다면 필자의 방법대로 처리를 할 예정이니 그렇게 알고 있으라고 일방적인 통보를 하고, 바로 자리를 떠나왔다.

 필자가 법무법인을 선임하여 4개월을 허비한 상황이어서 처리기한이 그렇게 넉넉한 편이 아니었고, 또 문제가 있었다. 호텔의 지하, 2층을 예식장, 뷔페식당으로 세를 들어 있던 임차인이 호텔의 예식 예약을 12월까지 받아 놓은 상태였고, 그 예약을 취소하기는 현실적으로 불가했다. 그래서 필자는 예식장 사장님에게 최대한 양해를 구하여 최대한 취소할 수 있는 예약은 취소를 좀 하라고 당부하였고, 병행하여 먼저 "관광호텔 허가를 먼저 내기로 하였다." 관광사업면허를 울진군청으로부터 수령하고, 울진 한국전력을 방문하여 전기사용자 명의를 우리 앞으로 변경(연체금 1천3백만 원 정리, 보통 경락으로 인한 종전 요금의 납부를 하지 않고 직권 명의 변경을 하지만, 본 물건의 특수성을 감안 납부 후 명의를 변경하였다.) 후 예식장 예약 취소 사항을 확인하여 우리가 건물의 명도를 단행할 날짜를 특정하였고, 예식장 사장에게는 예약을 취소하지 못한 건에 대해서는 정상적으로 이행하고, 예식장의 예식이 끝나는 날 명도를 단행할 예정이니 참고하라고 사전 조율을 마무리하였다.

 물론 철저히 예식장 사장님은 필자의 편에서 필자의 의견을 존중해 주었다. 필자는 명도를 단행하기 전 필자와 같이 일하는 직원들하고 호텔을 거의 점거를 하고 있는 상황이었고, 그 과정에서 ○○지역 불법

유치권자들 하고 부딪히기도 했다. ○○지역 보스격인 분이 있는데 필자보다는 한참 선배님이었다. 필자가 그 지역의 보스를 모르는 척하니까 그 지역 보스가 당황했는지 대구 중심가 지역 ○○파 보스에게 전화를 하여 필자를 바꿔 주기에 모르는 척하고 전화를 받았더니, 대구 지역 ○○파 보스는 필자에게 거기 지역 보스는 전국구이고, 자기하고는 친형제 같이 지내는 사이라고 실수하는 행동을 좀 삼가 주면 좋겠다는 말이었다. 필자는 네, 형님 그 지역 보스인 윤○○ 형님에게 예의를 다하면서 일 처리를 하겠다고 했다. 라고 하고 필자는 큰 마찰 없이 호텔의 내부를 점거하게 됐다. 점거 중 호텔 내부의 정문을 제외하고 봉쇄를 하였고, 예식장 예식 건이 끝나고 호텔을 봉쇄하였다.

  이렇게 마무리를 하고 마지막 단계인 세콤(s1)을 설치 후 내부의 정리 시설의 보완을 끝낸 후 건물을 인도하였던 사건이다. 위 물건을 처리하면서 많은 일이 있었지만 글로 표현하지 못하는 아쉬움이란 것이 많다. 글로 표현할 수 없는 현장의 많은 일들을 필자는 어떤 순화 과정을 통하여 전해 드릴까 하는 고민을 아직도 하고 있다. 현장을 정리하다 보면 본의 아니게 욕도 많이 하고 몸싸움도 벌어지는 게 빈번하지만 그런 상황을 글로 옮기지 못하니, 현장의 생생한 상황의 전달이 되지 않는 거 같아 아쉬운 부분들이 많이 남는다. 필자는 늘 이렇게 생각한다. 명도의 정답은 현장에 있다. 현장 상황만 잘 판단하고, 그 현장 상황을 잘 이용한다면 의외로 특수 물건의 명도가 참 쉬워진다는 것을. 전문가에게 맡기면 어려움은 없다.

2.
아파트투자

1) 아파트 연구 30년, 아파트 60채, 부동산 자산 600억, 연 수익 15억

아파트만 30년 동안 연구한 분이 있다. 필자의 아파트 스승이다. 서울에만 아파트 60채를 매입을 했는데 전세가가 상승해서 1년에 버는 수익이 15억이다. 그런데 종합부동산세, 보유세 등 세금으로 5억 정도 나간다고 한다.

기준연도: 2018년

주택수	무주택	1주택	2주택	3주택 이상
가구수	8,745,282	8,152,590	2,239,622	814,694
가구수 비율	43.8%	40.8%	11.2%	4.2%

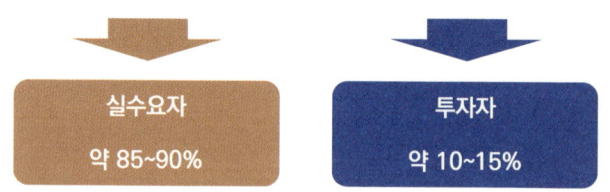

실수요자 약 85~90%

투자자 약 10~15%

[출처: 통계청]

10년 부동산 컨설팅을 하며 사람들은 왜 부동산 투자를 하지 않을까 생각해 보았다. 대한민국에서 무주택자는 43.8% 정도인데 이분들은 왜 집을 사지 않을까? 일본처럼 폭락하지 않을까? 일본 지방도 빈집은 있다. 한국에도 지방은 빈집은 있다. 주로 투자하는 지역은 서울, 경기 같은 수도권 지역이다. 이곳은 빈집이 없다. 일본도 도쿄 수도권에 빈집이 있는지 알아보면 없을 것이다. 수요가 많은 곳에 투자하면 전세 세입자는 너무 많다. 그리고 부동산이 많으면 세금이 많다고 생각하고 투자를 못 한다. 부자는 세금 걱정을 안 한다. 월세나 전세를 활용해 해결한다. 세금보다 부자들의 자산이 불어나는 부분과 임대 수익이 더 많다. 세금은 국가를 위해 당연히 내는 것이고, 세금을 많이 내는 사람이 더 부자가 된다.

인구가 줄어든다고 못 하는 분들은 가구수가 늘어나는 부분을 알지 못한다. 1~2인 가구가 늘어나고, 세계 인구는 계속 증가하고 한국에 외국인도 늘어난다. 한번은 국내 거주 중국인이 아파트를 사러 왔는데 중국은 전세제도가 없어서 자기자본을 다 넣어야 투자를 할 수 있는데 한국은 10~20% 투자금으로 전세 레버리지를 활용해서 소유권을 가져오니 놀랍다고 했다. 외국은 아파트 가격이 더 높다고 했다. 한국의 아파트 가격은 그렇게 비싼 게 아니다. 더 올라간다.

주택 점유 형태

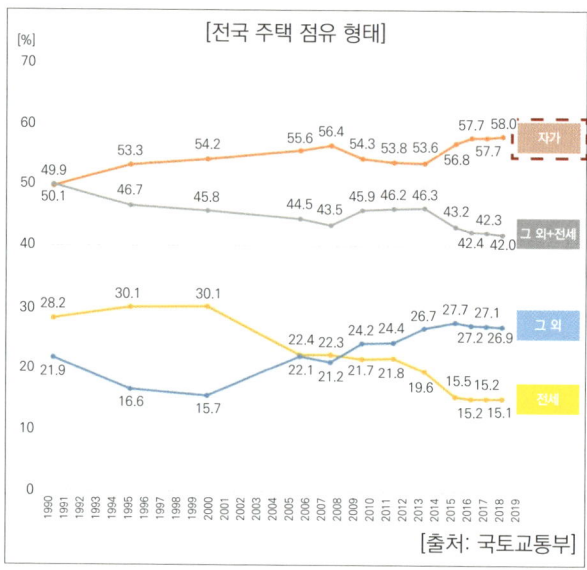

상투라고 주장하는 사람도 있다. 그럼 현재가 부동산이 끝난 것이면 나의 자녀와 손자, 손녀는 더 이상의 투자의 기회는 없는 것인가? 최근 일부 지역의 미분양 현장을 두고 공급 과잉이라고 주장하는 사람도 있다. 사람들이 정말 살고 싶은 지역에 공급을 해 줘야 하는데 직장에서 너무 멀고 원하지 않는 지역에만 공급을 하니 미분양이 난다. 하지만 미분양이 영원히 되는 법은 없다. 언젠가는 수요층이 다 매수한다. 그리고 서울과 그 인근은 수요에 비해 공급이 부족하여 미분양 현상을 찾아보기가 쉽지 않다.

집을 소유에서 거주의 개념으로 바꿔야 한다는 주장도 있다. 이것은 LH, SH의 설득의 논리인데 크게 잘못되었다. 20년 임대주택에 살다 나오면 주변 시세가 다 올라 다른 지역으로 이사를 가야 하고 부자가 될 수 없다. 부자는 시간과 가치에 투자를 해서 부동산 자산을 늘려 나간다.

소득별 주택 점유 형태

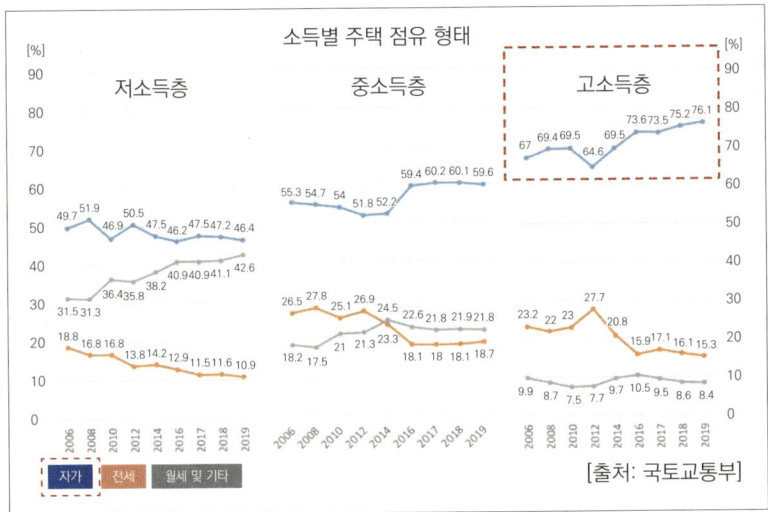

그리고 자녀들에게 부담부 증여로 주식보다 아파트가 낫다고 본다. 주식은 양도차익을 세금으로 내야 한다. 아파트는 절대 팔지 않고 보유하면서 전세가 상승분을 수익으로 가져가기 때문에 세금이 없다. 다만 보유세는 자산이 올라가는 속도에서 보면 아무것도 아닌 세금이다.

전세가는 통계를 내보면 연 4.25% 올라간다. 1억짜리 아파트가 20년이 지나면 8억이 된다. 5억까지는 매매가와 전세가가 같이 올라간다. 아파트가 35~45년이 되면 전세가는 멈춘다. 전세에 대한 수입은 없다. 그래도 버텨야 한다. 재건축이 시작되면 건설회사에서 전세금 주라고 대출도 나오고 자기부담금을 더 내면 24평에서 32평으로 입주권도 나온다. 재건축이 끝나서 신규 아파트를 받으면 전세가가 다시 올라간다. 목돈이 되어 돌아온다.

그래서 팔지 말고 증여해야 한다. 아파트 60채인 분은 총 매매가가 600억이고 전세가가 400억이면 정부에서는 전세가를 부채로 인정하는데 이자가 나가지 않는 부채이지만 투자자 입장에서 보면 400억의 부채자산이 매년 4.25% 상승하면서 전세가 상승분으로 또 다른 부동산을 매입할 수 있는 씨앗이 된다. 소득세로 인정하지 않는다.

2) 2018년 9·13 대책에도 불구하고 성공하는 아파트투자

2018년 9월 13일 아파트 갭투자자와 정부의 세금과의 전쟁이 시작이 되었다. 하지만 다 전략이 있으면 성공할 수 있다. 한번 매수를 하면 절대 팔면 안 되는 원칙을 가지고 있어야 한다. 그리고 갭투자를 할 때는 대출을 받으면 안 된다. 투자는 기부한다는 마인드로 여유자금으로 해야 한다. 세금을 임대인이 낸다고 착각을 하면 안 된다. 20년 전에 2억짜리 아파트를 1,500~2,000만 원 갭투자로 매수를 했다. 2018년 10억이 되어 10억에 팔고 양도세 2억 내려고 하니 양도세 중과를 시켜 양도세를 8억을 내라고 해서 팔지 않고 보유하면 전세금을 올려 받아 운영했다. 그 아파트는 현재 25억이 되었다. 강남의 아파트를 3~4채 가진 분들도 세금에 겁먹지 않는다. 보유세는 결국 임차인이 내게 되어 있다. 전세 5억을 10억으로 올리고 올린 전세금으로 투자금으로 수익을 보고 종부세를 마련하고 모자라면 반 전세나 반월세로 해서 그 월세로 세금을 낸다.

　부동산 시장은 키 맞추기라는 이야기가 있다. 강남3구가 오르면 사람들이 더 싼 지역인 마용성(마포, 용산, 성동구)으로 이동을 한다. 서울도 25개구도 다 오르면 서울에서 가까운 성남, 용인, 수원 등이 오른다. 2018년 안양 의왕의 아파트들은 1,000~1,500만 원으로 매수할 수 있었다. 용인의 아파트도 매매가 3억 3,500만 원, 전세가 3억 3,000만 원으로 500만 원 갭으로 매입할 수 있었다.

　이런 아파트도 2022년 7억 5,000만 원 이상 매매가를 찍고 있고 전세가는 4억이나 올라 투자금을 회수하고 더 수익을 보았다. 의왕, 안양 쪽도 5억씩 올랐다. 그럼 3년 만에 투자 원금 대비 50배 정도 올랐다. 국토부 2022년 5년간 전국 공동주택 공시가격이 70% 가까이 올랐고 대통령이 바뀌면서 DSR(총부채 원리금상환비율) 규제의 완화 정책이 발표되면 아파트 가격은 더 상승한다. 집을 사고 싶었는데 대출이 안 나와 보류하고 있었던 무주택자들의 매수가 예상된다.

3) 공시지가 1억 원 이하 비규제지역 아파트가 오르는 지역

　2020년 8월부터 다주택자 취득세를 주택 가격별 1~3%에서 2주택 일괄 8%, 3주택 이상 일괄 12%로 인상했다. 정부에서 공시지가 1억 이하 아파트에 대해서는 취득세 중과에서 제외시키면서 다주택자들이 산 아파트가 2020년 7월부터 2021년 9월 말까지 24만 6,000건이 거래되었다. 1억 이하 아파트가 오를까? 하는 의문이 들 수도 있다.

물가 오름세의 영향과 전세가가 올라감에 있어서 매매가는 필수적으로 올라갈 수밖에 없다. 매매가는 평균 7.5% 정도 오르고 물가보다 3배 더 올라간다. 분석을 아무리 못 한다 해도 1억짜리 아파트는 10년이 지나면 2억 5,000만 원 이상은 된다. 20년이 지나면 8억까지 간다. 아파트 가격의 폭등을 저지하는 역할을 다주택자들이 하는 것이다.

임대차 3법이 나와서 전세세입자들이 좋다고 생각하지만 4년 뒤에는 전세 가격을 시세대로 올려 받을 수 있다. 계약갱신청구권 행사에 임대인이 실거주 통보를 하면 나가야 한다. 전세로 살면 절대로 부자가 될 수 없다. 2~4년 뒤에 받는 전세금은 떨어진 화폐가치를 돌려받는 것이기 때문에 내 돈과 자산이 불어난 게 아니라 집주인의 재산만 불어났다고 보면 된다. 평택, 수원, 광교, 천안, 안성, 아산, 용인, 청주, 부산, 익산, 구미, 울산 등 이 지역의 공시지가 1억 이하 아파트를 공략해서 투자한 아파트가 다 올랐다.

부동산 가격이 오르기 위해서는 인건비가 올라야 한다. 그래야 분양가도 오르고 주변 아파트 가격도 올라갈 수 있다. 정부가 부동산 시장에 개입을 하면 아파트 가격은 오를 수밖에 없다. 양도세를 올리면 집을 팔지 않고 공급이 없으니 자연스럽게 오를 수밖에 없는 것이고 보유세를 높이면 집주인이 세입자에게 전가시켜 전세가는 상승해서 매매가를 밀어 올리고 있다. 전세가는 현재 인프라나 가치의 기준으로 정해지는 것이고 매매가는 미래의 가치를 반영해서 정해진다.

4) 2023년 아파트 매매가와 전세가가 상승하는 지역은 어디인가?

　2023년 기준 대한민국 인구는 5,162만 8,000명 정도인데 인구가 줄어들면 아파트 가격이 떨어진다고 생각하면 오산이다. 국토의 70%는 산이다. 그중에서 사람이 사는 곳은 20%이다. 그중에 아파트는 10%밖에 안 된다. 그중에 서울 경기가 5%를 차지한다. 그중에서 지방에 공시지가 1억 이하 아파트 중에 올라가는 아파트는 1%밖에 안 된다. 지방의 광역시에서 군 단위는 빼야 한다. 시 단위로 나눠지는데 전국에 200개시가 있다.

　그중에서 180개시는 오르지 않는다. 20개시로 압축이 되는데 여긴 인구가 반 토막이 나도 떨어지지 않는다. 학군, 생활 인프라, 직주 근접이나 숲세권, 학세권, 호세권, 스세권 등 아파트 점수를 매겨서 정말 소수의 지역에만 투자를 할 수 있는 지역이 있다. 정부는 집값이 하락이라고 하는데 왜 전문가들은 오른다고 하는지 아는가? 정부는 무주택자가 많으니 부동산 가격을 안정시켜야 하고 정권을 유지하기 위해서는 주택을 투자하라고 권유하지 않는다. 은행도 평생 집 한 채 대출받아 대출이자 갚기를 바라고 있다.

　아파트는 대지 지분을 산다고 생각해야 한다. 빌라나 오피스텔에 비해 높은데 용적률이나 건폐율도 유리하다. 전 세계를 비교해 봐도 아파트 표준화가 잘되어 있는 곳이 없다. 그래서 안 보고 사도 크게 어려움이 없다. 재개발 재건축 아파트는 메리트가 있는 건 사실이다. 투자금 대비 수익률로 따져 보면 수익률이 떨어진다. 이미 오를 만큼 오른

상태에서 물 타기를 하는 건데 구축 25~30년 된 아파트를 사는 게 더 수익성이 크다.

 5년 된 4억 신축 아파트가 있고 25년 된 1억대 구축 아파트가 있는데 같은 세대수에 같은 평형이라고 가정하고 20년이 지나면 가격이 8억대로 같아지는 시기가 있다. 신축은 투자할 때 1억 5,000만 원을 투자해야 하지만 구축은 1,000만 원만 투자해도 된다. 그래서 투자대비 수익률은 구축이 훨씬 높다.

 2001년도 쌍문동 아파트 매매가 6,000만 원일 때 전세가 6,200만 원에 전세를 놓았다. 전세 세입자가 매매가가 전세가보다 싸다고 50만 원 깎아 달라고 해서 취 등록세, 법무사 비용 150만 원만 들어갔다. 투자금이 들어간 게 없다. 2022년 매매가가 5억이 되었다.

5) 초대박 터지는 분양권투자와 아파트 갭투자 35채 수익으로 압구정 아파트 매입

 아파트 분양권이 초대박이 날 수밖에 없는 이유가 있다. 첫 번째는 대박이 날 수밖에 없는 단지들만 공략해야 한다. 두 번째는 다른 사람이 청약당첨 된 것 중에 계약금이 없거나 사정이 생겨 나오는 물건을 잡아야 한다. 아파트 분양은 크게 가점제와 추첨제로 나눈다. 가점제는 청약 점수로 서로 경쟁하는 거라 보면 되고, 추첨제는 랜덤으로 뽑는 건데 청약점수가 없더라도 성인이면 누구나 청약이 가능하다. 이때 전문가들은 당첨이 되면 무조건 초대박인 단지인데 추첨제로 청약을 하는 경우가 있다. 그래서 직장, 나이 상관없이 그냥 한번 찔러 본다는 마음으로 넣어 보는 경우가 많다. 자금 준비도 안 되어 있는 경우인데 당첨되는 경우가 많다.

분양가 8억짜리 물건인데 주변 아파트 시세는 10억이라 가져가면 바로 돈 버는 케이스인데 최소 계약금 10~20% 필요한 사항에서 준비가 안 되어 다시 시장에 내놓으면 그런 물건들을 가져올 수 있다. 그런 다음 입주 직전에 비싸게 팔아서 엄청난 수익을 거둘 수 있다. 분양권 투자의 핵심은 들어가는 타이밍을 잘 맞춰야 한다. 그리고 입주하고 2년 비과세 혜택이 주택 가격 9억에서 12억으로 바뀌었는데 알고 팔면 더 비싸게 팔린다. 기흥역 아파텔 4억 5,000만 원 분양권 물건이 입주 시점에는 8억 원 주고 거래가 되었다. 입주 후 2년 뒤는 12억 원에 거래된다.

그리고 다주택자는 오피스텔(아파텔)을 방 3개, 화장실 2개(아파텔=아파트와 오피스텔의 합성어)로 계약해야만 효과가 있고 법인으로 거래해야 절세가 된다. 투자를 하기 위해서는 그 지역의 특수성을 이해해야 한다. 지역의 희소가치가 있는 평형을 골라야 하고 2019년 수원의 광교호수 뷰가 나오는 물건도 분양가 4억 9,000만 원에 프리미엄을 주고 샀지만 2022년 현재 13억 원에 거래된다. 광교 자연앤 힐스테이트 2017년 6억 2,800만 원에 매입 후 현재 15억 9억이나 상승했다. 투자금 1억 2,800만 대비 7배 수익이 났다. 광교 아이파크 오피스텔 분양권도 2019년 투자금 1억 7,500만 원 투자해서 분양가 5억 8,000만 원에 매입 후 현재 실거래가 12억 매매가 7억 상승하고 3년간 4배 상승했다. 투자를 하려면 편견을 깨야 한다. 분양권투자를 할 때는 주변 시세와 비교해서 가격이 적당해야 하는데 너무 비싼 걸 투자하면 투자 수익이 너무 적다. 신분당선과 월판선 라인으로 보아도 좋은 물건들이 너무 많고 국가철도망 계획만 따라가도 실패하지 않는다.

고객의 이야기인데 전세를 살다가 전세금 1억 원을 올려 달라고 하자 열 받아서 그때부터 부동산 공부를 열심히 했다고 한다. 그래서 분양권에 아파트 갭투자에 2016년부터 6년간 35채 이상을 투자했다. 최근 강남의 압구정 아파트에 들어가기 위해 전세금 상승분으로 자기자본금 10억 원을 마련했고 대출금 26억 원으로 잔금을 마련했다. 다만 대출을 갚는 플랜은 다 정해져 있다.

이 부분은 책에서 자세히 이야기하기 어려운 부분이 있다. 이렇게 압구정 아파트 33평에 36억 원에 들어갔다. 다주택자여도 똘똘한 1채는 있어야 한다. 한강 뷰가 보이는 황족 아파트 중 최상의 압구정 아파트 한강 뷰가 보이는 압구정 재건축 3구역인데 10년 후 재건축 시 상상을 초월할 정도로 오를 것이다.

반포 주공1단지 상승률로 예측해 보는 압구정 아파트의 미래 시세인데 32평 기준으로 2013년 조합설립인가 14억에서 2017년 사업시행인가 26억으로 1.85배 올랐다. 2019년 관리처분인가 37억 원으로 1.45배 2022년 일반분양승인(이주, 철거, 착공선고) 53억 원으로 1.45배 올라갔다. 그럼 압구정은 2021년 조합설립인가 36억 원, 2025년 사업시행인가 65억 원, 2027년 관리처분인가 94억 원,

2030년 일반분양승인 136억 원 정도 예상한다. 압구정 아파트 2012년 63평 24억 원이었는데 10년 동안 55억이 올라 1년에 5억 5,000만 원씩 상승했다. 2022년 기준 80억 원이다.

해외 선진국 아파트도 150억 이상의 아파트가 많이 있고 압구정 아파트는 명품 아파트가 될 것이다. 현재 공시가격 상위 아파트 중 더 펜트하우스 청담이 123평에 169억 원 정도 된다. 에테르논 청담도 평당 2억 원 수준의 74평에 100억 원대 초반에서 142평은 300억 원대 정도 가격으로 형성되는 걸 보면 말도 안 되는 가격은 아니다. 국민 소득이 3만 5,000달러 수준이며 국내 총생산(GDP)과 국민 총소득(GNI) 순위는 세계 10위권 정도 된다. PIR(소득 대비 주택 가격 비율) 2020년 기준 전 세계 21위이다. 도쿄도 평당 2억 원을 넘어서고 있고, 미국 뉴욕의 집을 사기 위해 걸리는 시간이 한국이 더 오래 걸린다는 PIR 지표도 나와 있다.

6) 왜 부자는 다주택자가 많을까?

무주택자에서 내 집 마련을 할 때 어떤 전략을 하는 것이 좋을까? 청약만 기다린다고 된다고 생각하나? 평범하게 살려고 생각한다면 그렇게 해서 청약정보를 기다려야 하고 점수도 맞춰야 한다. 서울 경기 아파트 내 집 마련 기간이 10~20년 이상이 된다. 종잣돈을 모아 기회를 보려고 하면 가격이 또 올라 기회를 놓친 경험이 많을 것이다. 차라리 아파트 갭투자와 분양권투자를 하여 자산을 불려서 수익을 본 돈으로 집을 사는 방법이 훨씬 빠르고 부자가 될 수 있는 방법이다.

그리고 20세 이하는 2,000만 원까지는 증여세를 물리지 않는다. 고객 중에 15살 아들에게 2,000만 원으로 아파트 6채를 사 주었는데 1년도 안 되어 매매가가 1억 3,000만 원이 올랐다. 5,000만 원을 사 준다면 3,000만 원에 대해선 증여세 10%, 300만 원을 내야 한다. 10년이 지나면 또 2,000만 원까지는 증여세가 없다. 20세 이상 성인은 5,000만 원까지 증여세가 없다. 아이들 입장에서는 이 아파트를 20년간 팔지 않고 계속 전세가 상승분으로 또 매입하여 아파트가 늘어난다면 자산이 엄청나게 늘어나게 된다. 20년 뒤에 다른 아이들은 대학교 졸업해서 직장을 구할 때에 자식들은 부동산 임대 사업으로 여유롭게 하고 싶은 일을 하며 돈의 노예가 되지 않고 돈을 정복하며 살 수 있다.

27년 전 아파트를 4채로 시작한 아이가 지금 1,000억 원대 부자가 된 사례도 있다. 시간이 돈을 벌어다 준 것이다. 2022년 뉴스 기사에서 서울시의원 31%는 본인과 배우자 명의로 2주택 이상 보유한다. 다주택 상위 10%는 평균 23채이다. 가장 많은 국회의원이 단독, 다가구, 아파트, 다세대, 복합건물(주택+상가) 116채를 신고한 투자자도 있다. 일반인들은 상위 20명이 400채이고 1,806채를 보유한 사람도 있다.

7) 1,000% 수익률 나는 아파트투자

아파트 전세레버리지를 활용해서 투자해서 투자자들에게 수익도 많이 안겨 드렸다. 서울 서초 반포아크로리버파크 34평 2014년 분양권 계약금 1억 3,500만 원에 프리미엄이 5,000만 원 붙은 걸 샀는데 로또였다. 잔금 12억 1,500만 원을 전세 12억 원으로 해서 소유권을 가져왔고, 현재는 46억 원 정도다. 여기서 에쿼티 자기자본은 1억 8,500만 원, 투자기간은 8년 수익금은 32억 원 아직 팔지 않았으니 여기까지 계산해도 자기자본 대비 1,000%가 넘어간다. 이 투자는 레버리지 원리가 중요하다. 에쿼티는 자기자본, 즉 씨앗이고 중도금과 잔금을 전세 보증금으로 대체해서 소유권을 가져왔다.

경기도 화성에 동탄 린스트라우스 더레이크 아파트는 10번 이상은 임장을 갔는데 계약 당시 지하철역도 없었지만 했다. 지금은 지하철이 생겨서 가격이 엄청 올라갔다. 2017년 분양권 전매가 4억 8,000만 원이고 계약금 4,800만 원인데 전세금을 4억 5,250만 원으로 잔금이 남았고 현재 시세는 18억 2,000만 원 이상이다. 경기 화성 병점역 효성해링턴 플레이스 아파트 33평도 2019년 매매가 2억 9,000만 원이었는데 계약 금2,900만 원 내고 잔금 2억 6,100만 원, 전세 2억 6,500만 원 맞추고 현재 시세는 6억 5,000만 원이 되었다. 이 외에도 에쿼티(자기 자본) ROE(자기자본 대비) 1,000% 이상 수익 난 아파트는 많다.

부동산 투자는 미래의 입지를 분석하여 진행하는 것인데 그중에서도 아파트투자는 입지의 의존도가 높아 너무 재밌다. 부동산 투자의 투자자금 요소를 분해하여 생각하면 에쿼티(자기자본), 대출금, 보증금이 있다. 에쿼티는 악착같이 모아야 한다. 그리고 안전성, 수익성, 환금성에 좋은 부동산으로 투자를 해야 하고 대출은 구체적으로 관리하고 상환계획을 확실히 세우고 써야 문제가 생기지 않는다. 보증금은 평생 무이자 대출이다.

전세는 잠깐 보합이나 떨어질 수는 있지만 버티면 올라오고 전세 수요는 대체적으로 많이 있고 세금이 걱정이라면 반전세 반월세를 활용하며 충분히 해결할 수 있다. 그리고 절대 팔지 말고 전세레버리지 상승분의 수익이 생기면 열매를 다 먹지 말고 다시 씨앗을 만들어서 나무를 심어야 또 다른 수익을 만들어서 선순환 되는 투자를 만들 수 있다. 부자는 팔지 않고 늘려 나가야 하고 사고팔고 해서는 작은 수익은 얻을지 몰라도 절대 큰 수익을 가져가긴 힘들다.

3. 신축 건축 사업으로 디벨로퍼가 되자

1) 건축 시행

(1) 떼돈 버는 건축 사업의 본질

주택의 종류

	단독주택	다중주택	다가구주택
단독주택	가구분리 ×, 세대분리 ×	가구분리 ×, 세대분리 ×	가구분리 O, 세대분리 ×
		3개층 이하, 100평 이하, 취사 ×	3개 층 이하, 200평 이하
		주택수 미포함, 주차장 완화	19가구 이하
			1주택

	다세대주택	연립주택	아파트
공동 주택	세대분리 O	세대분리 O	세대분리 O
	4개 층 이하, 200평 이하	4개 층 이하, 200평 초과	5개층 이상
	대지안의공지 1m	대지안의공지 2m	대지안의공지 3m
	채광창 거리제한 미적용		

　원룸형 건물의 종류를 분류하면 오피스텔, 원룸, 도시형생활주택, 고시원 등이 있는데 원룸이라고 하면 통상적으로 방이 1개 있는 주거용 건축물이다. 하지만 방이 3개 있는 오피스텔을 원룸이라고 부르지는 않는다. 그리고 건축법상으로는 주거 형태의 건축물을 6가지로만 정의

하고 있다. 단독주택, 다중주택, 다가구주택, 다세대주택, 연립주택, 아파트이다. 이 6가지 모두가 방이 1개가 있으면 원룸으로 불리는 것이다. 건축법상으로 오피스텔은 주택이 아닌 시설에 해당하고 원룸 형 도시형생활주택은 대부분 아파트이다. 원칙적으로 오피스텔이 주택 수에 포함되지 않는 이유도 오피스텔은 주택이 아니기 때문이다.

꼬마빌딩으로 많이 짓는 다가구주택과 다세대주택에 대해 알려 주겠다. 다가구주택은 주택으로 쓰이는 층수가 3개 층 이하이고, 1개 동의 주택으로 쓰는 바닥면적(지하층 제외)의 합계가 660㎡ 이하이며, 19세대 이하가 거주할 수 있는 주택을 말한다. 다만, 다가구주택의 층수를 산정함에 있어서 1층의 전부 또는 일부를 필로티 구조로 하여 주차장으로 사용하고 나머지 부분을 주택 외의 용도로 쓰는 경우에는 해당 층을 주택의 층수에서 제외한다. 다가구주택은 「건축법」에 의한 용도별 건축물의 종류 상 단독주택과 공동주택 중에 단독주택에 해당한다.

다세대주택은 하나의 건물에 다수의 세대가 거주할 수 있도록 주거공간이 별도로 분리되어 있는 주택이다. 주택건설촉진법에 의한 공동주택의 일종으로 동당 건축 연 면적이 660㎡ 이하이고 주택으로 쓰이는 층수가 4개 층 이하인 주택을 말한다. 한 건물임에도 다수의 세대가 거주할 수 있는 주거공간이 별도로 분리되어 있다. 따라서 각 세대별로 등기를 별도로 하여 소유나 분양이 가능하며, 양도소득세도 별도로 과세된다. 건축 연면적이 660㎡ 이하라는 점은 다가구주택과 비슷하나 세대수 제한이 없고 공동주택으로 분류되며 연속된 4개 층까지 건축할 수 있다는 점이 다르다.

다중주택은 건물의 연 면적이 330㎡ 이하이고 층수(지하층은 제외한다)가 3개 층 이하인 단독주택 형 주거용 건축물이다. 다수인이 장기간 거주할 수 있도록 각 주거구획별로 독립공간을 확보하되 화장실, 샤워실 등 주거생활의 일부는 공동으로 사용할 수 있도록 설치되어 있다. 속칭 벌집주택이라고도 부른다. 다중주택을 가지고 상가주택으로 활용할 수 있어서 대학가 근처에서 많이 볼 수 있다. 1층을 근린시설로 등록하면 합법적으로 영업이 가능하고, 연 면적이 남으면 옥탑 층이나 2층에 근린시설을 추가로 넣는 것도 가능하다.

층수가 3개 층이 되어서 2종 일반주거지역인 경우 건폐율 60%, 용적률 200%면 1층 상가, 2~4층 원룸 3개 층, 나머지 층에 근린시설을 넣어서 5층 건물을 만들 수 있다. 다가구주택에 비해 가구 수는 많아서 효율적이지만 3층 이하에 330㎡이하로만 건축이 가능하다. 취사시설을 갖출 수가 없고, 주차시설이 부족해서 차 가진 사람은 불편하다. 고시원과 달리 소방시설을 갖춰야 하는 의무가 없고 화장실과 세면시설은 설치가 가능하다.

연립주택은 1동(棟) 당 건축 연 면적이 660㎡를 초과하는 4개 층 이하의 공동주택으로, 그 내부구조는 아파트와 같으나 난방은 개별 난방방식이 주로 사용된다. 단층으로 된 연립주택을 플랫, 즉단층 연립주택이라 하며, 1세대가 2~3층을 다 쓰고 있는 메이저넷(maisonette)과 구분하고 있다. 특히 1세대가 상하로 3층을 전부 사용하는 경우를 트리플렉스(triplex)라 한다. 2세대만이 붙어 있는 것을 더블 하우스(double house) 또는 세미 디태치트 하우스(semi-detached house)라고 부른다. 연립주택의 내부구조는 주로 아파트 방식과 같으며, 난방은 개별난방 방식이 대부분이다

장치산업	토목공사업자: 각종 장비를 임대하는 것보다 구입하여 비용절감
패션산업	인테리어업자: 가장 최신 트렌드의 디자인을 적용
양심산업	설계사: 설계 도면에 기입된 대로 누락없이 시공
시공업	건설업자: 100년이 지나도 끄떡없는 건축물을 시공
시행업	시행업자: 자금, 공정, 업체관련 PM업무 통해 전문성을 높임
부동산업	건축주: 좋은 토지를 적정한 가격에 구입하여 높은 가격에 분양

이 책을 읽고 디벨로퍼를 한다면 꼬마빌딩 건축 사업의 본질은 무엇이라고 생각하는가? 삼성의 고(故) 이건희 회장님은 이런 숙제를 호텔 사업에 대해 호텔 직원과 임원에게 내었다고 한다. 호텔 사업의 본질은 무엇이라고 생각하는가? 정답은 부동산업이다. 호텔은 기본적으로 비즈니스를 위한 장소이지 관광업을 위한 곳이 아니다. 그래서 산업이 많아 비즈니스가 많이 일어나는 곳의 입지를 정해야 매출이 증가한다. 즉 부동산업의 특징을 가지고 있다.

꼬마빌딩 건축 사업은 어떠한가? 장치산업, 패션산업, 양심산업, 시공업, 시행업, 부동산업의 다양한 산업 특징을 가지고 있지만 특히 큰 영향을 미치는 부분이 있을 것이다. 큰 규모의 건물을 짓는 경우는 자체 산업의 영향이 크기 때문에 건축 시행, 시공 또는 인테리어 디자인,

자재 수급 등의 영향이 클 것이다.

  하지만 꼬마빌딩 정도 소규모 건축 사업이라고 한다면 건물 자체의 시너지보다는 건물 아래에 있는 토지에 대한 영향력이 더 크다. 건축물의 건축에 대한 이익은 거의 제로에 가까울지도 모르지만 건물을 짓는 기간에 대한 토지가 상승으로 얻는 수익은 수백 퍼센트의 이익을 가져다준다. 그래서 꼬마빌딩 건축을 부동산 투자를 더욱더 빛나게 해 줄 주요 수단으로 여기고 접근하는 것이 좋을 것이다.

  디벨로퍼가 건축 사업을 하는 이유는 이윤을 남기기 위해서이다. 토지를 매입하기 전 가설계와 수지분석 후 이윤이 남지 않겠다고 생각하면 과감히 사업성 검토를 끝내고 더 좋은 토지를 찾아야 한다. 어떤 사업을 하더라도 사업의 본질을 항상 생각하고 이익을 내는 방법을 끊임없이 찾아야 한다.

(2) 건축법규 및 제한사항

  건축법규에 대해서 알려 주겠다. 부동산을 정의할 때 토지와 건축물을 구분해서 볼 줄 알아야 한다. 논은 지목이 답으로 되어 있고 밭은 지목이 전으로 되어 있고 산은 임야, 도로는 도로, 주택은 대, 빌딩도 대로 되어 있다. 건축물을 지을 수 있는 곳을 대라고 한다.

토지 지목

정북방향 일조권 제한

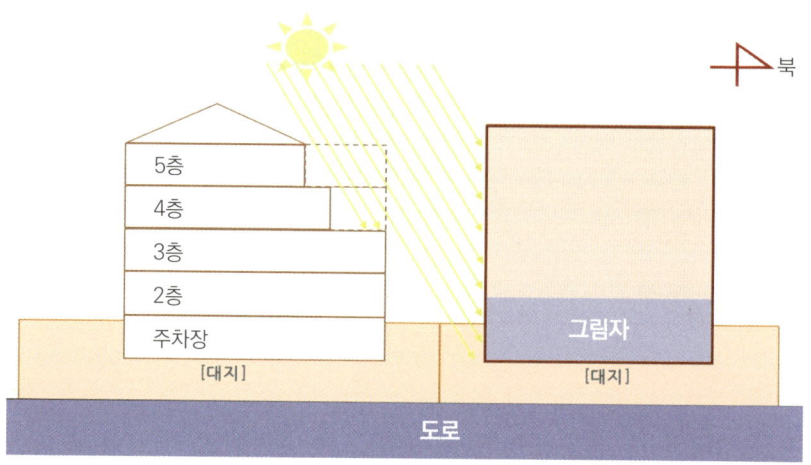

일조권, 건폐율과 용적률 어떤 땅에 몇 층까지 지을 수 있는지 내용을 좀 나눠서 설명하겠다. 먼저 일조권에 대해 이야기하면 건축법 제61조 및 그에 따른 시행령에 정의가 되어 있다. 상업지역이 아닌 주거지역에서 일조권 확보를 위한 건축물의 높이 제한에 관한 내용이다. 건축물의 높이를 상대측 대지경계선 또는 나의 대지 내에 있는 다른 건축물과의 거리보다 최대 2배까지만 허용하는 것이다. 그렇다고 동서남북 방향을 모두 제한하면 건축물을 지을 공간이 거의 없다. 그래서 북측 방향과 채광창이 설치된 곳의 방향만 제한을 두는 것이다.

채광창 이격 거리

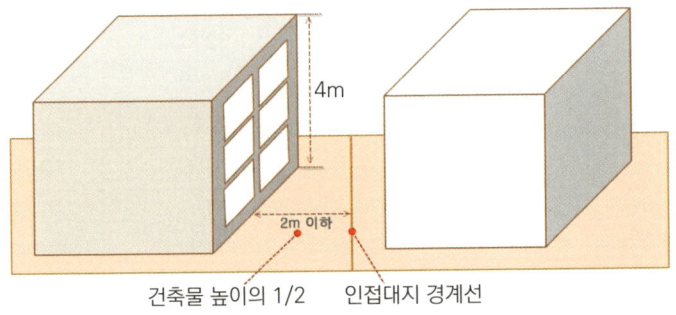

예를 들어서 북측 방향에 있는 상대편 대지경계선과 내가 지을 건축물과의 거리가 8m라고 한다면 16m까지만 건축물을 올릴 수 있다. 같은 대지 내에 A와 B동을 짓는다고 하면 A동의 채광창이 있는 방향에서 B동의 거리가 10m라고 한다면 20m까지만 건축물을 지을 수 있다. 최근에 지어지는 아파트 단지를 자세히 보시면 각각의 아파트가 대각선 방향으로 지어져 있다. 그 이유는 대각선 방향의 길이가 가로, 세로보다 더 길게 나오므로 채광창 이격 거리를 피해서 건축물을 높게 짓기에 유리하기 때문이다.

용도지역			건폐율(%)[서울시]	용적률(%)[서울시]
도시지역	주거지역	제1종전용주거지역	50 [50]	50~100 [100]
		제2종전용주거지역	50 [40]	100~150 [120]
		제1종일반주거지역	60 [60]	100~200 [150]
		제2종일반주거지역	60 [60]	150~250 [200]
		제3종일반주거지역	50 [50]	200~300 [250]
		준주거지역	70 [60]	200~500 [400]
	상업지역	중심상업지역	90 [60]	400~1500 [1000]
		일반상업지역	80 [60]	300~1300 [800]
		근린상업지역	80 [60]	200~1100 [600]
		유통상업지역	70 [60]	200~900 [600]
	공업지역	전용공업지역	70 [60]	150~300 [200]
		일반공업지역	70 [60]	200~350 [200]
		준공업지역	70 [60]	200~400 [400]
	녹지지역	보전녹지지역	20 [20]	50~80 [50]
		생산녹지지역	20 [20]	50~100 [50]
		자연녹지지역	20 [20]	50~100 [50]
관리지역		보전관리지역	20	50~80
		생산관리지역	20	50~80
		계획관리지역	40	50~100
농림지역			20	50~80
자연환경보전지역			20	50~80

꼬마빌딩은 주로 제1종 일반주거지역, 제2종 일반주거지역, 제3종 일반주거지역, 계획 관리지역에서 짓는다. 가장 많이 짓는 곳이 용적률 200%인 제2종 일반주거지역이다.

토지 용도지역

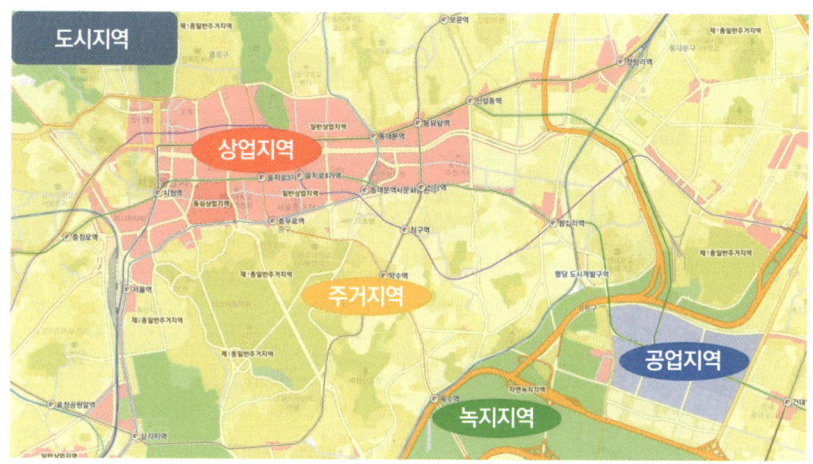

　지적 편집도를 통해 지도를 보면 용도지역별로 색상으로 구분해서 표시한다. 붉은색 부분은 상업지역으로 10층 이상의 건물들이 많이 들어서 있다. 그래서 각 도시의 상권이 발달하여 있고 중심부에 해당한다. 노란색 부분은 주거지역으로 대부분 6층 이하의 건물들이 들어서 있다. 아파트, 빌라, 단독주택 등의 주거 건물이 대부분이고 인근에는 학교가 있다. 녹색 부분은 녹지지역으로 도시지역과 비도시지역의 완충 역할을 한다. 도시가 확장되면 녹지지역의 일부가 건물을 지을 수 있도록 변하는 경우도 있다.

　토지이음이란 사이트(www.eum.go.kr)에 가서 주소를 검색하면 개발행위가능여부, 건폐율, 용적률, 층수 높이제한, 건축선, 도로조건과 상업지역, 주거지역 등의 용도지역의 확인이 가능하고 초보 건축주가 알아야 할 질문과 회신에 대한 법률과 시행령도 있어 도움이 된다. 건축 용도에 따라 쉽게 나와 있어서 공부하기 좋은 사이트이다. 그 외 필자가 부동산 투자 시 필요한 인터넷 사이트다.

1. 서울도시계획포털: 토지이음과 비슷하지만 지구단위계획도 열람되고 각종 고시정보와 건축심의 자료까지 볼 수 있는 사이트
https://urban.seoul.go.kr/view/html/PMNU0000000000

2. 부동산플래닛: 노후도를 볼 수 있는 유일한 사이트
https://www.bdsplanet.com/map/realpricemap.ytp

3. 마이홈: 임대주택의 모든 것을 알 수 있는 사이트- 유형별로 모두 파악가능, 임대료까지
https://www.myhome.go.kr/hws/portal/sch/selectRsdtRcritNtcView.do

4. 인터넷등기소: 통빌라 주인 찾거나 토지주를 알 수 있는 사이트
   - 빌라나 아파트 알아 볼 때 토지소유권이 없는 건물등기만 있을 때
http://www.iros.go.kr/PMainJ.jsp

5. 등기정보광장: 대법원 등기광장: 법인, 개인 등 등기관련 정보를 볼 수 있고 다양한 자료를 볼 수 있는 사이트
https://data.iros.go.kr/

6. 렌트홈: 등록 임대주택을 지도로 조회 가능한 사이트
https://www.renthome.go.kr/webportal/main/portalMainList.open

7. 스마트서울앱: 주변 상황파악 할 때 특히 일조권, 조망권 등을 알아볼 때 유용한 사이트
https://map.seoul.go.kr/smgis2/

8. 정비사업 정보몽땅: 각종 정비사업과 지주택, 가로주택, 소규모재건축 등을 알 수 있는 클린업 시스템 사이트
https://cleanup.seoul.go.kr/cleanup/mainPage.do

9. 네모: 상권 및 임대료 등 근생 관심 있으신 분들에게 유용한 사이트
https://www.nemoapp.kr/

10. LH 가로주택정비사업 사업성분석 서비스: 가로주택을 검토할 수 있으며 직접 영역을 정해 노후도 및 사업가능성을 알아볼 수 있는 사이트(1시간 이내 이메일로 결과 공지, 강력추천)
https://garohousing.lh.or.kr/

11. 실거래가 공개시스템: 빌라투자에 관심 있는 분께 추천하는 실거래조회 사이트
http://rt.molit.go.kr/

12. 국가공간정보포털: 전문적인 지식이 좀 필요한 사이트이지만 손품의 끝판왕이라 볼 수 있는 사이트
http://www.nsdi.go.kr/lxmap/index.do#

13. 세움터: 노후도를 망가뜨리는 신축행위(지분 쪼개기)와 허가 접수 중 사항, 허가 착공 및 준공 등의 정보를 미리 알아볼 수 있는 사이트
https://cloud.eais.go.kr/

건축물의 3대 요소가 있다. 첫 번째 공작물인데 자연적으로 형성된 동굴은 제외한다. 두 번째는 토지에 정착한 것인데 기차나, 크루즈 선

박은 제외되며, 세 번째로는 지붕이 있어야 한다. 최소한의 은신처 기능을 위한 지붕과 그것을 받쳐 줄 기둥과 벽이 있어야 한다.

건축의 종류에 5가지가 있다. 첫 번째 신축은 대지에 건물을 축조한 것이고 두 번째는 증축인데 건축면적, 연면적, 층수, 높이를 늘리는 것이다. 세 번째는 개축인데 내력벽, 기둥, 보, 지붕틀 중 셋 이상을 철거 후 종전 규모로 건축물을 축조하는 것이다. 네 번째 재축은 천재지변, 재해 등으로 멸실된 경우 종전 규모로 건축물을 축조하는 것이다. 다섯 번째는 이전인데 건축물의 주요 구조부를 해체하지 않고 같은 대지의 다른 위치로 옮기는 것이다.

정북방향 일조권 제한 – 북쪽 도로, 공원 등이 있는 경우

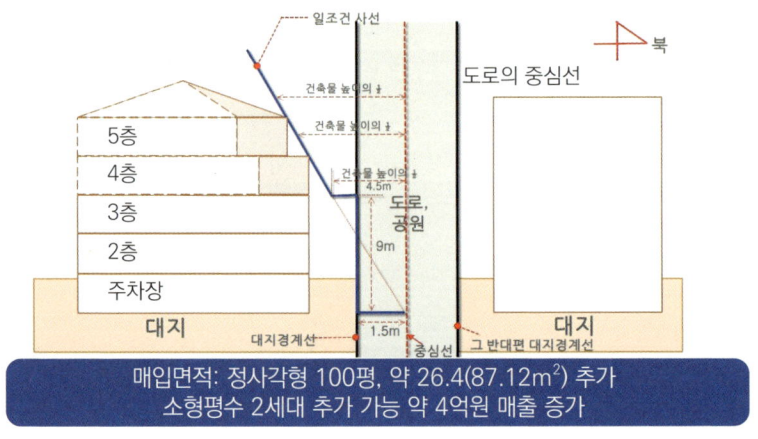

몇 가지 경우들을 더 살펴보면 북측 방향에 도로가 있을 경우 도로의 중심선에서부터 거리를 측정하게 된다. 단 다가구주택과 같이 공동주택이 아닌 경우는 상대 대지경계선으로부터 거리를 측정하여 유리하

다. 북측 방향에 상업지역이 있을 경우는 일조권 제한을 아예 받지 않는다. 그래서 이러한 대지는 높이제한을 피해 더 많은 공간을 건축할 수 있으므로 보다 높은 가격에 거래가 된다.

그리고 정북 방향의 일조권 제한에는 몇 가지 혜택을 주고 있는데 건축물의 높이 9m까지는 상대측 대지와 1.5m만 거리를 띄워도 허용을 해 준다. 그래서 층당 높이가 3m기 때문에 보통 3층까지는 건물이 똑바로 올라가는 것이다. 그리고 4층부터는 조금씩 뒤로 밀리게 되는 것이다. 이것은 대지 공간이 비교적 좁아서 공간 활용이 어려운 소규모 건축물들을 고려한 배려이다. 조금 더 자세히 들어가서 왜 굳이 정북 방향만 제한을 두는지 살펴보겠다.

우리는 보통 남향이 좋다고 말을 한다. 그 이유는 지구상에서 한국의 위치가 북쪽 방향으로 위도 38도선에 걸쳐 있기 때문이다. 위도 0도에서 해가 이동을 하는데 북위 38도에 위치한 한국의 기준에서 보면 해는 남쪽에 있는 것이다. 그래서 한국에서의 햇빛은 남향에서 많이 들어온다. 북향에는 창이 있어도 해가 들어오지 않게 된다. 북측 방향 일조권 높이제한은 상대측의 남향에 대한 일조량을 보호하기 위한 것이다.

연면적과 용적률

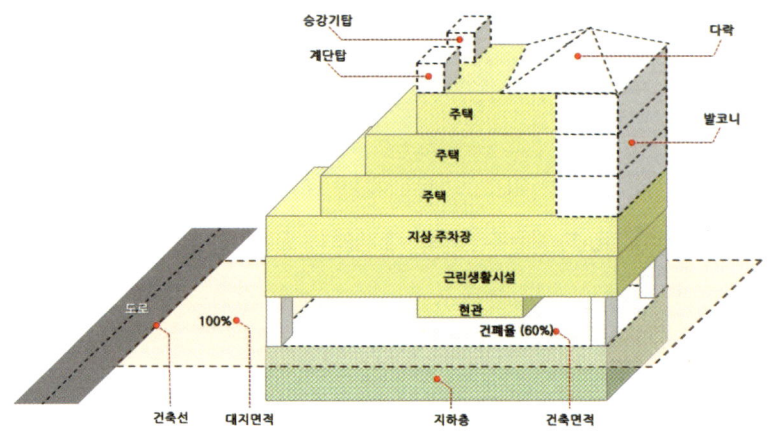

건폐율과 용적률은 국토 계획 및 이용에 관한 법률과 각 지방자치단체의 '도시계획 조례'를 확인하면 알 수 있다. 각 지역별로 용적률이 조금씩 다르므로 '도시계획 조례'를 반드시 확인해야 한다. 서울특별시의 제2종 일반주거지역의 용적률은 200%이고, 건폐율은 60%이다. 이게 무엇을 의미하냐면 내 땅이 100평이라고 했을 때 총 200평까지 건축물을 지을 수 있다는 것이다. 그리고 내 땅 100평 중에서 60평에 해당하는 부분에서만 건축이 가능하다. 나머지 40평에는 건축물을 지을 수가 없다. 그래서 보통은 주차장이나 건축물로 진입할 수 있는 일반도로 또는 조경공간으로 활용한다.

층수 계산은 쉽게 할 수 있다. 용적률에서 건폐율을 나누면 된다. 200÷60=3.33이다. 총 4개 층을 지을 수 있다는 것이다. 다가구주택이나 다세대주택을 짓는다고 하면 1층에 필로티 주차장을 넣고 2층에서 5층까지 4개 층으로 주택으로 지으면 총 5개 층의 건물이 만들어진다.

주차장 대수 산정

[서울특별시 기준]
- 주택: 전용면적 30㎡(9.0평)이하 세대당 0.5대 / 60㎡(18.1평)이하 세대당 0.8대
- 제1종/제2종 근린생활시설 : 134㎡(40.6평)당 1대
※ 주택은 소수점 올림, 시설은 소수점 반올림

→ 예시) 330㎡(100평)대지, 근린생활시설 198㎡, 주택 30㎡ 이하 6세대, 60㎡ 이하 7세대, 60㎡ 초과 2세대

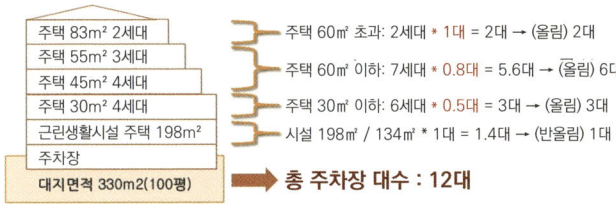

내 땅에 지을 수 있는 건물과 지을 수 없는 건물이 있다. 기본적으로 용도지역마다 지을 수 있는 건축물이 정해져 있다. 상업지역에는 상가나 사무실을 지어야 한다. 공업지역에는 공장을 지어야 하고, 일반주거지역에는 아파트나 빌라를 지어야 한다. 전용주거지역에는 단독주택을 지어야 한다. 그 밖의 임야에서는 자연을 훼손하지 않는 범위에서 목축업 같은 제한된 시설의 개발만 가능하고, 농지에서는 농사를 지어야 한다. 이렇게 각각의 용도지역에 맞는 건축물을 짓도록 제한을 해 두면 난개발을 피할 수 있고 계획적으로 도시가 만들어진다. 하지만 상황에 따라서는 상업지역과 공업지역에 주거시설을 지을 수도 있다.

주거지역에 상업시설을 지을 수도 있다. 이때는 지자체마다 특정한 제한을 두어서 본 용도에 맞게 활용할 수 있도록 유도하게 된다. 특정한 제한이라는 것은 예를 들어서 공업지역에 오피스텔을 짓는다고 하면 용적률이 거의 절반 정도로 줄어든다. 상업지역에 아파트를 짓는다고 해도 마찬가지이다.

가능한 용도지역에 맞는 건축물을 짓는 게 좋다. 더 구체적인 사항을 확인하려면 '국토 계획 및 이용에 관한 법률'을 확인해 봐야 하겠지만 이것을 쉽게 보려면 '토지이음' 사이트에 접속해서 주소를 입력하면 어떠한 건축물을 지을 수 있는지 법을 근거로 하여 건축물별로 동그라미와 세모로 체크되어 나온다. 그리고 추가적인 사항은 각 지자체의 도시계획과나 건축과에 전화해서 문의해 보면 알 수 있다.

(3) 우수한 토지를 적정한 가격에 건축부지 확보방법

건축 부지 유형

수익성이 좋은 시행 부지를 찾는 방법이 있다. 필자는 수익성 좋은 부지를 잘 찾아내는 편이다. 그래서 사람들이 도대체 비법이 뭐냐고 묻는데 군이 비법을 이야기하라고 하면 교과서적인 답변을 할 수밖에 없는데 손품과 발품을 열심히 파는 것이 비법이다.

첫 번째 온라인 부동산 사이트에서 특히 N사에서 건축 부지를 열심히 검색하고 오프라인으로도 부동산중개사무소를 열심히 돌아다닌다. 그렇게 손품, 발품을 파는 것이다.

두 번째 1달 정도 열심히 손품과 발품을 팔다 보면 약 1,000개 정도의 부지 정보가 모인다. 그중에서 100개를 선택해서 정리한다. 그리고 다시 10개를 선택한 후에 자체적으로 대략적인 가설계를 그려서 검토해 본다.

세 번째 그중에서 괜찮은 곳 3곳 정도를 선택해서 설계사님께 작업 비용을 지불하고 가설계 도면을 의뢰한다. 가설계 도면이 나오면 상세하게 검토한 후에 최종적으로 가장 수익률이 좋은 곳을 선택하게 된다.

수익률 계산

> 예시)
> 토지 면적: 80평
> 토지 평당 가격: 1,500만원, 토지 가격 : 1,500만원 × 80평 = 12억
> 건축 면적: 80평 × 용적률 200% × 발코니 120% = 192평
> 건축 평당 가격: 720만원, 건축 가격: 700만원 × 192평 = 13억 4,400만원
> 사업비: 토지 가격 12억원 + 건축 가격 13억 4,400만원 = 25억 4,400만원
> 빌라 분양수 8채, 분양 가격 4억원 (방3/화2)
> 매출: 8채 × 4억원 = 32억원
> 순수익: 매출 32억원 - 사업비 25억 4,400만원 = 6억 5,600만원
> 에쿼티: 사업비의 20% + 토지취득비용 1억원 + 예비비 1억원 = 7억 880만원
> ROE: 순수익 6억 5,600만원 / 에쿼티 7억 880만원 = 92.55%

이러한 방법이 비법이라고 말씀을 드리면 다들 별로 좋아하지는 않는 것 같다. 그와 같이 자체 가설계와 설계사를 통한 가설계 도면으로 수익률을 미리 분석하면 된다. 그리고 좋은 토지를 좀 더 저렴하게 구입하기 위해서 가격 협상을 해야 하는데 말 한마디에 수천만 원씩 조정이 되기 때문에 신중하게 접근해야 한다.

우선은 구입하려는 건축 부지의 토지대장을 열람해서 부지 소유자의 연령대를 확인해야 한다. 대체적으로 70~80대 이상의 어르신이 보유하고 있는 건축 부지는 비교적 저렴하게 구입할 수 있다. 그다음이 30~40대 순이고, 50~60대 분들이 가격저항이 가장 심한데 아마도 심리적인 부분 때문인 것 같다. 70~80대 이상의 어르신들은 죽음이라는 것에 좀 더 가까워지게 돼서 그런지 재산을 정리하려는 경향이 강하시고 30~40대는 변화하려는 욕구가 그나마 가장 강하다. 그분들은

현재의 부동산을 처분하고 다른 부동산으로 갈아타려는 경향이 있다. 하지만 50~60대 분들은 어떠할까? 변화와 도전보다는 현재 보유하고 재산을 지키려는 욕구가 강해서 가격저항이 가장 심하게 나타난다.

우리나라보다 앞서간 해외 선진국의 디벨로퍼들이 이미 건축 부지는 3가지 이유로만 급매물이 나올 수 있다고 정의를 해 놓았다. 바로 '이혼! 파산! 죽음!'이다. 이혼과 파산의 이유로는 주로 경매나 공매에서 매물이 나오고 죽음을 이유로는 방금 말씀드린 70~80대 분들처럼 재산 정리를 위해 매물을 내놓게 된다. 그래서 필자가 구입한 대부분의 매물들은 소유주가 70~80대 분들이었다. 이거 굉장히 중요한 노하우다.

토지 계약 시 유의해야 할 점이 있다. 건축을 목적으로 토지를 계약한다면 3가지를 유의해야 한다.

첫 번째로 토지 계약 후에 10% 정도의 중도금을 걸어 놔야 한다. 건축을 하기 위해 설계 도면도 만들고 인허가도 넣으며 열심히 준비했는데 갑자기 토지 계약이 취소되면 안 된다. 중도금을 걸면 소유권이 이미 넘어간 것으로 간주되기 때문에 계약을 취소할 수 없다. 그래서 안심하고 건축 계획을 세울 수 있다.

두 번째로 토지사용승낙서를 계약할 때 미리 꼭! 받아 둬야 한다. 보통은 잔금을 치루기까지 3개월 이상 소요된다. 그래서 그전에 설계 도면을 작성하고 인허가를 받는 경우가 많다. 아직은 소유권이 넘어간 상태가 아니기 때문에 인허가를 받을 때 매도할 분의 명의로 진행해야 한다. 혹시나 토지사용승낙서를 받지 못한 상태에서 매도자가 동의를 안 해 주면 잔금 이후에 소유권을 넘겨받은 후 인허가를 신청해야 하기 때문에 건축 기간이 늘어난다. 잔금 전에 토지 값이 오르면 아예 안 해 주거나 또는 돈을 요구하는 분들도 있다.

세 번째로 구입하는 건축 부지가 주택이면 취득세 중과세에 해당하지 않는지 잘 따져 봐야 한다. 최근 주택 규제로 2주택 취득세가 8% 3주택 이상 취득세가 12%로 변경되었다. 그래서 무주택자 상태에서 1주택 취득이 아니라면 주택건설사업자를 만들어서 중과세를 피하거나 또는 철거 후 토지만 남은 상태에서 취득을 하는 방법이 있다. 필자는 주택건설사업자를 만들어서 중과세를 피하고 있다.

(4) 수익을 확보하고 시작하는 수지분석 및 출구 전략

환금성 – 출구전략

건축물 종류	사용자	사용 용도	선호 거래형태	출구 전략
아파트	주거자	주거	매매 > 전세 > 월세	1) 주거자에게 매매 2) 주거자에게 전세 임대 후 만기 시점에 다른 주거자에게 매매
빌라	주거자	주거	매매 > 전세 > 월세	1) 주거자에게 매매 2) 주거자에게 전세 임대 후 만기 시점에 다른 주거자에게 매매
오피스텔	주거자	주거	월세 > 전세 > 매매	1) 주거자에게 월세 임대 2) 주거자에게 전세 임대 후 만기 시점에 다른 주거자에게 월세 임대
상가	사업자	사업	월세 > 매매	사업자에게 월세 임대
사무실	사업자	사업	월세 > 매매	사업자에게 월세 임대
공장/창고	사업자	사업	월세 > 매매	사업자에게 월세 임대

여러분이 디벨로퍼 건축주라면 수지분석과 출구전략을 확실히 세우고 시작해야 한다.

이전 그림은 건축물 종류에 따라 선호하는 거래형태와 출구전략이다. 다세대주택으로 하는 경우 전세를 먼저 맞춘 상태에서 통매매 하면 거래가 잘 이루어진다.

사업비 계산 - 항목별 비용 계산

3. 사업비

NO	대항목	중항목	수량	단가	금액	기타	
	합계				312,595		
1		매입비	88.76평	1,800	159,764		
2		취득세	3.00%	159,764	4,793	토지매입비의 1~3%	
3		지방교육세	0.30%	159,764	479	취득세의 10% (0.1~0.3%)	
4		농어촌특별세	0.20%	159,764	320	토지매입비의 0.2%	
5		중개료수수료	0.50%	159,764	799	토지매입비의 0.4~0.9%	
6	토지비	컨설팅수수료	3.00%	159,764	4,793	토지매입비의 1~3%	
7		채권매도수수료	1식	100	100		
8		인지세	1식	35	35		
9		증지대	1식	2	2		
10		제증명	1식	2	2		
11		등기수수료	1식	50	50		
-		소계		171,136			
12		철거공사	106.51평	18	1,917		
13		기초/골조공사	204.14평	119	24,293		
14		전기공사	177.52평	15	2,663		
15		배관공사	7세대	400	2,800		
16		엘리베이터	1식	4,000	4,000		
17		외벽공사	454.46m²	5	2,272		
18		지붕공사	205.03m²	12	2,460		
19	직접공사비	창호공사	7세대	500	3,500		
20		내장공사	204.14평	100	20,414		
21		부대공사	88.76평	100	8,876		
22		인입공사	1.00%	85,740	857	공사도급액의 1%	
23		시공도급	4.00%	85,740	3,430	공사도급액의 4%	
24		현장소장	7개월	500	3,500		
25		현장잡부	7개월	300	2,100		
26		현장운영	7개월	200	1,400		
-		소계		84,482		도급공사액 85,740	평당 420

사업비 계산 - 항목별 비용 계산

3. 사업비

28	0	감리	177.51515	5	887.5758	0
27		설계	177.52평	9.0	1,598	
28		감리	177.52평	5.0	888	
29		측량	1.00%	85,740	857	공사도급액의 1%
30		건설공사보험	0.12%	85,740	103	공사도급액의 0.12%
31		상수도원인자부담금	7세대	80	560	
32		하수도원인자부담금	7세대	100	700	
33		도시가스시설분담금	7세대	8	53	
34		전기시설분담금	7세대	22	154	
35		민원처리비	1.00%	85,740	857	공사도급액의 1%
36		예비비	3.00%	85,740	2,572	공사도급액의 3%
37	간접공사비	재산세	1식	400	400	
38		하자보증보험	5.00%	85,740	4,287	공사도급액의 5% (3%+2%보증금)
39		보존등기비	2.80%	345,017	9,660	준공건물감정가의 2.8%
40		농어촌특별세	0.20%	345,017	690	준공건물감정가의 0.2%
41		지방교육세	0.16%	345,017	552	준공건물감정가의 0.16%
42		세무직원	7개월	200	1,400	
43		공무직원	7개월	300	2,100	100*12
44		산재보험료	1식	774	774	3.763%
45		고용보험료	1식	381	381	1.85%
46		CM비용	4.00%	85,740	3,430	도급공사액의 4%
-		소계		32,016		
47		신탁수수료	0.00%	180,000	0	기성/PF대출금의 1~1.5%
48		근저당설정비	0.24%	234,000	562	기성/PF대출금의 130%설정 0.24%
49		PF대출취급수수료	1.00%	180,000	1,800	기성/PF대출금의 1~1.5%
50		토지비대출이자	3.00%	127,811	3,834	토지매입비의 80% 4% 9개월, 평균 3%
51	금융비	공사비대출이자	1.70%	60,018	1,020	공사도급액의 70% 6% 7개월, 평균 1.7%
52		준공후담보대출 취급수수료	1.00%	241,512	2,415	준공건물감정가의 70% 1%
53		준공후담보대출이자	2.00%	241,512	4,830	준공건물감정가의 70% 4% 6개월, 평균 2%
-		소계		14,462		
54	판매비	분양홍보	7세대	500	3,500	
55		분양수수료	7세대	1,000	7,000	
-		소계		10,500		

토지를 매입해서 짓는 걸 어려워하는 사람들은 건물수익은 매도금액에서 투입비용을 뺀 것인데 사업비, 토지비, 직접공사비, 간접공사비, 금융비, 판매비 등 수익률 계산을 잘해야 한다. 연 수익을 투입금액으로 나눈 비율인데 1년 동안 월세의 합계인 연 수익금액이 5,000만 원인 건물이 있고 매매금액이 10억 원이면 '(5,000만 원÷10억 원)×

100=5%' 수익률이 나온다.

　기본 공식만 대입하면 '(연간임대월세수익÷투입금액)×100'이 연간 수익률인데 원룸이나 2룸, 3룸은 가격이 다 오픈되어 있어 시장조사를 통해 대략적인 매각가를 산정해 팔았을 경우 얼마나 남길 수 있는지 파악할 수 있다. 네이버, 다방, 직방 등 보증금과 월세 전세가를 파악해서 중개사무소에 물어보면 자세히 알려 준다. 이걸 확인하고 방 개수와 분양가를 파악한 뒤 가설계를 완료하고 토지를 매입해야 한다.

(5) 건축 사업으로 자기자본 대비 195~414% 수익 난 사례
서울시 강남구 신축 현장

대지 126평 × 평당 2,900만원 = 36억 5,400만원
실건축면적 = 126평 × 200% × 120% = 320평
302평 × 평당 건축비 700만원 = 21억 1,400만원
사업비 = 36억 5,400만원 + 21억 1,400만원 = 57억 6,800만원
매출액 = 3억 4,000만원 × 23세대 = 78억 2,000만원
수익 = 78억 2,000만원 − 57억 6,800만원 = 20억 5,200만원
에쿼티 = (57억 6,800만원 × 20%) + 예비비 1억 원 = 12억 5,360만원

　신축 사업 공동투자 수익 사례이다. 2016년도 강남에 126평 정도의 토지를 구입해서 2룸 빌라 18세대를 준공시키고 일부는 분양하고 일부는 월세를 놓았다. 약 57억 7,080만 원 정도의 사업비가 들었는데 매출액 72억 원 실자본금 8억 원 정도를 투입해서 14억 2,920만 원을 수익이 나서 자기자본 대비 수익률이 195% 정도 나왔다. 투자기간은 2년간 연 71.76%의 복리 수익률이다.

경기도 광주시 신축 현장

대지 172평 × 평당 350만원 = 6억 200만원
실건축면적 = 172평 × 100% × 120% = 206평
206평 × 평당 건축비 700만원 = 14억 4,200만원
사업비 = 6억 200만원 + 14억 4,200만원 = 20억 4,400만원
매출액 = 4억 × 8세대 = 32억 원
수익 = 32억 원 − 14억 4,200만원 = 17억 5,800만원
에쿼티 = (20억 4,400만원 × 25%) + 예비비 1억 원 = 6억 1,100만원
ROE = 17억 5,800만원 / 6억 1,100만원 = 287.72%

 그리고 판교 인근 경기도 광주에 8세대를 실자본금 6억 원 정도를 투입해서 시작했는데 부동산값이 올라서 수익률이 최소 287% 이상은 나왔다. 앞으로 판교가 더 발전할 것이라고 판단을 했다. 다세대주택은 분양 시 비싸게 팔면 가격저항이 생기기 때문에 주변 경쟁 물건보다 엄청나게 좋은 물건이 아닌 이상 시세에 맞게 분양해야 한다. 그래서 너무 비싼 자재나 시공법을 적용할 수 없다. 그렇다고 너무 저렴한 자재와 시공법을 적용하여 이윤을 남기겠다는 생각도 주의해야 한다. 30년 이상 된 현장 소장의 말도 귀를 기울여야 하는데 중급 이상의 자재를 사용하여 튼튼한 건물을 짓겠다는 건축주의 마인드가 중요하다고 한다. 결국 좋은 토지를 잘 구입해 이윤을 높이는 게 핵심이다.

서울시 성북구 신축 현장 [꼬마빌딩 8호]

대지 78평 × 평당 1,100만원 = 8억 5,800만원
실건축면적 = 78평 × 200% × 115% = 179평
179평 × 평당 건축비 800만원 = 14억 3,200만원
사업비 = 8억 5,800만원 + 14억 3,200만원 = 22억 9,000만원
매출액 = 4억 × 10세대 = 40억 원
수익 = 40억 원 − 22억 9,000만원 = 17억 1,000만원
에쿼티 = (22억 9,000만원 × 25%) + 예비비 1억 원 = 6억 7,250만원
ROE = 17억 1,000만원 / 6억 7,250만원 = 254.27%

그리고 이제 곧 철거 공사를 시작하려고 준비 중인 곳이 있는데 서울시 성북구에 위치해 있다. 부지를 아주 저렴하게 구입했는데 현 시세가 2,500만 원인데 평당 1,100만 원에 구입했다. 다른 분들은 그냥 운이 좋았다고 이야기하는데 절대 그렇지 않다. 이 부지를 구입하려고 가능성 있는 부지만 1,000개를 분석했다. 그리고 100개, 10개 이런 식으로 추려서 가설계를 다 떠보고 괜찮은 부지도 여러 개 있었는데 다 버리고 이번 부지를 구입한 것이다. 이렇게 수지분석과 예상 수익을 계산하고 들어가면서 토지를 매입하는 게 핵심이다. 토지를 매입한 후에 수지 분석을 실시하여 수익성이 잘 안 나온다고 후회해 봐야 소용없다.

서울시 은평구 신축 현장 [꼬마빌딩 6호]

대지 149평 × 평당 1,500만원 = 22억 3,500만원
실건축면적 = 61.76평 × 200% × 115% = 342평
342평 × 평당 건축비 700만원 = 23억 9,400만원
사업비 = 22억 3,500만원 + 23억 9,400만원 = 46억 2,900만원
매출액 = 4억 원 × 15세대 = 60억 원
수익 = 60억 원 − 46억 2,900만원 = 13억 7,100만원
에쿼티 = (46억 2,900만원 × 25%) + 예비비 1억 원 = 12억 5,725만원

서울시 은평구 다세대주택은 대지 149평을 평당 1,500만 원에 구입하여 사업비 46억 2,900만 원인데 4억짜리 15세대 60억 원 매출을 내었다. 투자금 대비 109% 수익이다.

서울시 서초구 신축 현장

대지 156평 × 평당 5,000만원 = 78억 0,000만원
실건축면적 = 156평 × 460% × 120% = 861평
사업비 = 78억 원 + 86억 1,000만원 = 164억 1,000만원
매출액 = 4억 8,000만원 × 50세대 = 240억 원
수익 = 240억 원 − 164억 1,000만원 = 75억 9,000만원
에쿼티 = 164억 1,000만원 × 20% = 32억 8,200만원
ROE = 75억 9,000만원 / 32억 8,200만원 = 231.26%

서울시 서초구 주상복합 현장은 대지 면적이 156평이고 토지비는 평당 5,000만 원 총 78억 원이고 건축비는 실 건축면적 861평을 평당 1,000만 원으로 계산하면 86억 1,000만 원이고 사업비는 토지비와 건축비를 더한 164억 1,000만 원이고 매출은 4억 8,000만 50세대를 지으면 240억 원이고 수익은 75억 9,000만 원이며 자기자본 대

비 231% 수익이다.

(6) 임야를 대지로 바꿔 타운하우스 택지 분양으로 1년에 40~148% 수익 나는 방법

건축 사례

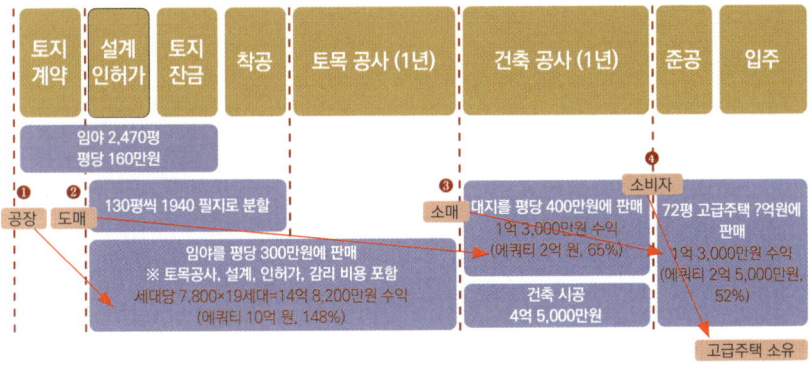

평택 지제역 월곡동에 지을 예정인 타운하우스를 사례로 알려 드린다. 그래프에 나와 있는 사례로 전원주택을 짓겠다고 생각한다면 우선적으로 토지를 확보한다. 시행사나 시공사는 토지를 매입한다. 계약금과 중도금을 지불하고 집을 지을 수 있는 대지를 구입한다. 대지가 아니라면 일정한 인허가 절차를 거쳐 대지로 만들 수 있는 땅인가를 알아보아야 한다. 전원주택 부지를 마련하는 방법에는 전원주택단지를 조성해 놓은 땅이나 이미 대지로 되어 있는 땅을 구입하는 방법이 있고 농지나 임야를 구입해 형질변경 후 전원주택을 짓는 방법이 있다.

대지나 전원주택단지와 같이 집을 지을 수 있는 조건을 갖추어 놓은 땅은 절차가 간편하여 인기가 많다. 그래서 임야 시점에 사서 대지로 바꿔 전원주택을 짓는 사람들에게 다시 팔아 1년 만에 60~140%를 버는 투자도 있다. 평당 300만 원으로 130평 19개 필지로 판매하는데 토목 공사, 설계, 인허가, 감리비용이 이것에 포함된다. 세대당 7,800만 수익 19세대니까 14억 8,200만 원 수익 자기자본 대비 148% 수익이 난다.

그리고 타운하우스를 짓는 실수요자에게 평당 400만 원에 판매하면 1억 3,000만 원의 수익이 나고 건축시공 비용 4억 5,000만 원에 72평 타운하우스를 10억에 팔면 1억 3,000만 수익이 남는다. 반면 농지나 임야처럼 절차를 거쳐 대지를 만든 후 집을 지어야 한다면 땅값 자체는 싸지만 절차가 번거롭다. 구입 후 번거로운 절차는 시공사에서 다 공사를 해서 만든 다음 판다. 토지를 구입하기 위해서는 현장답사가 필수적이다. 현장을 찾아 환경오염시설을 확인해야 한다. 서류상으로 확인을 하였다 하더라도 현장답사는 필수다. 서류와 현장은 차이가 나기 때문이다.

땅을 구입할 때는 여러 가지 고려사항이 있지만 가장 중요한 것은 진입로다. 부지에 닿는 도로가 있는가를 확인해야 하는데 이때 현황도로만으로는 부족하다. 현황도로가 있다고 하더라도 지적도상에 도로가 있는지를 알아보아야 하고 관공서를 찾아 담당 공무원과 상의해 보아야 문제가 없다. 물을 얻을 수 있는지에 대해 알아보는 것도 중요하다. 지하수를 얻을 수 있는 곳인지 그렇지 않다면 동네 우물을 사용할 수 있는지에 대해 알아본 후 땅을 구입해야 한다. 만약 물을 얻을 수 없다면 집을 짓고 난 후에도 큰 문제가 생긴다. 물이 중요한 만큼 전기에 대한 고려사항도 필수다.

 기존 마을과 많이 떨어져 있는 오지의 땅을 살 때는 전기를 끌어오는 데 문제가 없는지에 대해 꼭 확인해 보아야 한다. 200m 이내의 거리는 간단한 설치비만으로 전기를 사용할 수 있지만 200m를 넘으면 1m당 가설비가 추가된다. 거리가 멀면 멀수록 많은 비용이 든다. 자칫 잘못하면 배보다 배꼽이 더 클 수 있다. 민원사항에 대한 고려사항도 필수다. 개발하는 과정에서 주변 민원이 없을까에 대한 고민도 해 보아야 한다. 토목 공사비에 문제가 없는지도 알아보아야 한다. 경관만 보고 땅을 사게 되면 경사가 급한 땅을 사게 된다. 또 움푹 꺼진 땅을 살 수도 있는데 이럴 경우에는 집을 지을 때 토목 공사를 많이 해야 하고 그만큼 경비를 많이 들이는 수밖에 없다.

 이 투자는 임야 상태의 토지를 저렴하게 구입하여 건축할 수 있는 대지로 변경 후 1차 가격 상승이 되면 분양하는 분들이 타운하우스를 짓는 실거주자에게 판매한다. 이때 2차 상승을 한다. 평택의 지제 역 근처 40평대가 10억이 넘어간다. 최근 10년간 평택의 인구수는 30% 이상 증가했고 삼성전자의 평택진출로 향후 100만 명 이상의 대도시로 성장이 예상된다. 40평 가격으로 80평에 거주할 수 있는 19세대 고급 타운하우스 단지로 만든다면 수요는 넘쳐난다. 전원주택은 마당이 넓은 집이고 타운하우스는 마을을 만들어 필지를 분할해서 전원주택들이 모여 있는 단지이다.

 아파트가 가격이 높아지는 건 사실이나 전원주택이 로망이고 자연친

화적으로 살기 원하는 수요는 있다. 타운하우스는 전원주택의 장점과 단점을 결합한 주택이다. 소규모 공동생활이 이뤄지기 때문에 전기, 가스, 수도 등의 시설이 체계적으로 관리되고 일반적인 단독주택에 비해 편리하며 집은 투자가 아닌 주거의 공간으로 생각하는 사람들은 개인의 사생활이나 사회문제가 된 층간 소음이나 반려동물이 있는 가구의 증가에 따른 현상으로 분석된다.

2) 건축 시공

(1) 건축시공절차

꼬마빌딩 건축 절차 및 기간

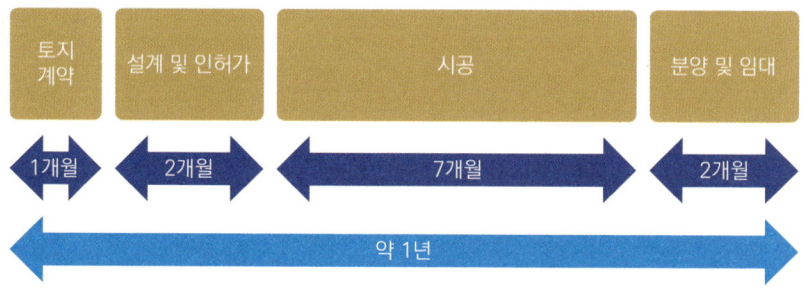

토지매입부터 건물 완공, 임대까지 전체 스케줄은 다가구주택이나 다세대주택을 짓는다고 가정을 해서 이야기하면 토지매입 1개월 설계 및 인허가 2개월 건축 공사 7개월 분양 2개월 대략적으로 약 1년의 기간이 소요된다고 보면 된다. 그리고 건축물의 규모와 프로젝트를 진행하는 목적과 방식에 따라서 많은 변수가 있을 수 있다. 토지매입 전에 사업성 검토를 해야 한다. 매매 수익률과 인근 임대료를 확인하며 예상 공사비와 공사 기간도 알아보고 가설계 및 인허가, 특이사항도 체크해야 한다.

토지를 계약하면 잔금 3개월에 설계사 선정과 설계도서, 인허가 검토, 건축허가 심의일정을 확인하고 시공사를 선정하고 설계와 감리계약 하고 은행 공사비를 대출하고 사업자등록을 해야 한다. 분양 및 임대의 경우 1년이 걸린다 하더라도 온라인 빌라 전문 분양업체 또는 팀 단위로 움직이는 오프라인 업자에게 분양 수수료를 주더라도 원하는 가격에 판매해야 한다.

철거 공사

철거는 철거업체를 통해 진행된다. 서울시에서는 나대지가 거의 없기 때문에 대부분 노후건물을 철거한 후 공사를 진행한다. 철거 전 건축주는 건축물 해체 완료 신고를 해야 하는데 대부분 철거업체에서 위임을 받아 해체계획서를 상세히 작성하여 신고한다.

철거 공사 - 지장물 해체

석면 조사 및 해체

정화조 준설

철거 공사를 위해 가장 먼저 실시하는 것은 지장물 해체작업이다. 석면이 포함될 경우 인체에 해로울 수 있으므로 석면조사 전문 업체를 통해 조사를 실시한 후 석면이 일정량 이상 검출될 경우 석면해체 전문 업체를 통해 안전하게 해체해야 한다. 석면조사보고서는 건축물 해체 완료 신고를 할 때 필요하므로 챙겨 둬야 한다. 그리고 정화조를 준설한다. 철거작업 중 분뇨 등의 오물이 파편으로 튀는 것을 방지하기 위함이다. 그 밖에 도시가스를 사용할 경우 굴착을 통해 연결 부위를 해체하여 안전성을 확보해야 한다. 도시가스의 해체는 신축 공사 때 투입되는 도시가스 업체를 활용하면 서비스로 진행 가능하다.

지장물 해체가 마무리되면 철거 공사를 하기 위한 가설 공사를 실시해야 한다. 임시 전기와 임시 수도를 연결하여 전기와 수도를 사용 가능하도록 해 놔야 한다. 철거 시 먼지가 날리는 것을 방지하기 위해 살수작업을 하는데 그때 전기와 수도가 필요하다. 임시 전기는 신축 때 전기 공사를 해 주는 업체에게 의뢰하면 서비스로 가능하다. 임시 수도는 어려운 작업이 아니므로 철거 공사를 하시는 분 또는 현장 소장에게 부탁하면 해 준다. 다음으로 파편과 먼지가 외부로 나가지 않게 가설 울타리를 설치하고 내부에 CCTV설치와 통행안전 시설물을 설치한다.

가설 공사까지 마무리가 되면 철거 감리를 비롯해 지자체 공무원이 철거 준비가 되었는지 현장 점검을 실시하고 보완이 필요할 경우 추가 요청을 하게 되고 그렇지 않다면 건축물 해체 완료 신고에 대한 승인을 해 주고 철거 공사에 착수하게 된다.

자재 분리를 먼저 실시한다. 철문을 제거하고 유리, 고철, 목재, 단열 재를 분리한다. 철문과 고철은 모아서 고물상에 팔면 돈을 받을 수 있다. 유리와 단열재는 폐기물 처리 비용이 비교적 비싼 편이고 목재는 비교적 저렴하다. 그래서 각각 분류하여 분리수거를 한다면 혼합폐기물을 처리한다면 비용을 절감할 수 있다.

철거 공사 - 구조물 해체

자재 분리를 끝내면 건물은 구조물만 남게 된다. 구조물은 포클레인을 활용하여 해체한다. 가능하다면 해체 효율성이 높은 브레이커 방법으로 실시하면 좋지만 도시지역의 경우 소음 때문에 시간은 많이 걸리지만 소음이 비교적 적은 압쇄 방법으로 실시한다. 구조물이 연와조이면 벽돌을 쌓아 만든 구조이기 때문에 철거작업이 비교적 쉽다. 하지만 철근콘크리트 구조일 경우 강도가 강하기 때문에 시간이 많이 걸리고 소음이 많이 발생된다. 구조물을 철거할 때는 먼지가 많이 날리기 때문에 물을 상시로 뿌려 주는 살수작업을 실시해야 한다. 철거한 폐기물을 덤프트럭에 상차하여 폐기물 처리장으로 이동시켜야 하는데 신호수를 공사장 주변에 배치하여 안전을 확보하고 차량 통행에 불편함이 없도록 한다.

건축물을 모두 철거하고 나면 건축물 해체 완료 신고를 한다. 이때 건축물 멸실 신고도 같이 병행하여 건축물 대장에서 말소될 수 있도록 해야 한다.

토목 공사

토목 공사는 전, 답, 임야 등의 원 형지 토지를 건물을 지을 수 있는 대지로 조성하기 위한 공사와 건물의 지하를 만들기 위해 실시하는 흙막이 공사가 있다. 대지를 조성하는 경우 토지형질 변경 및 부대시설 연결 공사를 한다. 우수 및 오수관로, 상수도, 전기, 단지 내 포장, 정화조 설치,

담장 설치, 옹벽 공사 등의 공사를 실시한다. 건물의 지하를 만드는 경우 주변의 흙이 무너져 내리지 않도록 CIP, H빔, 토류판을 이용하여 흙막이 공사를 실시하고 목표하는 기초 레벨까지 땅을 파게 된다.

토목 공사부터는 토지의 형질변경 또는 건축물의 건축에 대한 개발행위 허가를 받은 후 그에 대한 공사 착공신고 및 승인을 받아 진행한다. 토목 공사 진행 전 사전에 경계복원 측량을 하며 지적파악 및 레벨을 측량해야 한다.

경계측량은 공사 시작 전에 땅의 경계점을 확인하는 작업으로 한국국토정보공사에 신청하면 직원이 나와 측량을 실시한다. 인접대지와 도로와의 경계를 측량해 경계 지점에 말뚝을 설치하면 준공 시까지 보호 및 관리해야 한다. 경계 지점에 울타리나 경계석이 있을 경우 편의상 그 위에 스프레이로 표시한다. 측량점이 훼손될 경우 재신청하면 기간이 많이 지나지 않을 경우 70% 이상 할인받아 진행할 수 있으니 재신청하여 경계점을 명확히 하는 것이 좋다.

공사 전 공사 기간 중에 필요한 가설 공사를 해야 한다. 공사 구역의 테두리에 철로 된 EGI 휀스를 설치하여 비산먼지를 방지하고 파편으로부터 안전을 확보한다. 도시 지역의 경우 방음도 고려해야 하기 때문에 플라스틱 재질의 RPP판을 설치한다. 공사용수, 임시전기, 운반로 확보, 임시화장실, 재료창고, 현장사무실도 있어야 한다.

관로 매설자리에 관로 설정 및 측량하고 관로 매설자리 터파기를 하며 구배를 확인하고 기초다짐 및 합판 거푸집을 설치한다. 관부설 및 접합, 맨홀 설치를 하고 되메우기를 한다.

하수 설비, 상수 설비, 우수 설비, 전기를 설비하고 되메우고 옹벽도 쌓아야 한다. 하수나 상수 설비는 서울과 같은 도심은 잘 되어 있는데 외곽 지역에 건축물을 만들 때는 해야 한다. 우수설비는 빗물이 잘 빠져나갈 수 있게 해야 한다.

우수 설비

전기 설비

관부설 및 접합하고 맨홀 설치 및 연결해야 한다. 경계석 설치 공사도 하고 부대토목 공사에서 보강토 블록 설치 공사도 해야 한다. 시공 측량 및 기준점 설정 후 기초인 터파기를 하고 기초 잡석 깔기, 기초단 설치, 표준형 블록 쌓기, 속 채움 골재포설, 보강 공사 다짐하고 지오그리드 포설하고 최상부 마감 캡블록을 설치한다.

되메우기

옹벽 쌓기

지하층 흙막이

지하층을 만들 경우도 토목 공사가 수반된다. 지하의 기초 레벨을 확보하기 위해 흙, 돌 등을 걷어 내야 한다. 이때 주변의 흙이 무너져 내릴 수 있으므로 주의해야 한다. 주로 사용하는 공법으로 CIP로 지반을 보강을 하고 H빔을 설치하고 그 사이에 토류판을 끼워 넣어 토사가 붕괴되는 것을 방지한다.

규준틀 설치

철거 공사 또는 토목 공사가 완료되면 기초 공사를 실시해야 한다.

기초 공사는 구조물의 밑바닥을 튼튼하게 하기 위한 공사이다. 즉 구조물을 지탱할 수 있도록 지면을 단단히 하는 공사를 말하며, 기초 공사가 부실할 경우에는 중량이 지반을 무너뜨리거나 지반이 함몰되어 구조물이 침하할 수도 있다.

기초 공사의 대표적인 방법으로는 테두리를 깊게 파서 기초를 놓는 줄기초가 있고 전체 면을 덮는 매트기초가 있다. 지반의 상태를 고려하여 결정해야 한다. 소규모 건축에서는 비교적 비용이 저렴한 매트기초를 선택하는 편이다. 간혹 줄기초는 선택하는 경우도 있는데 성토 등으로 대지를 인위적으로 조성한 경우 튼튼한 지반에 기초를 놓기 위해 선택하는 경우가 있다.

기초 공사를 위해 지내력 시험을 먼저 실시한다. 지질조사 전문 업체에서 평판재하시험을 실시하는데 관련 장비를 세팅하고 포클레인으로 눌러 압력을 측정한다. 적게는 1곳, 많게는 3곳 정도를 샘플링해서 측정한다.

평판재하시험 후 터파기를 실시한다. 터파기를 위해 규준틀을 설치해야 한다. 레벨기를 사용해 터파기할 지점을 체크하고 각목이나 철근을 땅에 박은 후 실로 연결한다. 또는 락카로 땅에 선을 긋는다. 규준틀을 따라 포클레인 장비로 경계선을 따라 터파기를 실시한다. 보통은 06W 포클레인을 사용한다. 여기서 06은 바가지 크기를 뜻하고 W는 Wheel의 약자로 체인이 아닌 바퀴가 달린 포클레인을 뜻한다.

외벽 골조 터파기

 소규모 건축의 도면은 건축 도면, 구조 도면, 기계설비 도면, 전기통신 도면으로 4가지가 있는데 건축 도면의 배치도에서 건축물의 경계를 확인하여 터파기 규준틀을 설치하고 포클레인으로 터파기를 실시한다.

정화조 자리 터파기 및 설치

그리고 정화조 위치를 확인하고 정화조 자리에 선을 그어 터파기를 실시한다. 정화조는 토압에 밀려서 파손되지 않도록 틀을 만들어야 하는데 요즘은 콘크리트의 틀이 기성품으로 정화조와 함께 세트로 제작되어 나온다. 그리고 정화조를 주문할 때는 용량을 반드시 확인해야 한다. 시공업자가 이를 확인하지 않고 그냥 진행하는 경우도 간혹 있는데 나중에 처리 용량이 부족하여 문제가 될 수도 있다. 정화조 용량은 건축 도면의 표제부에 기재되어 있다.

엘리베이터 위치 터파기

1층 평면도를 보면 엘리베이터 위치를 확인할 수 있다. 해당 위치에 규준틀을 긋고 터파기를 실시하는데 06W 포클레인으로 터파기를 하기에 시간이 부족하거나 공간이 좁을 경우 02 또는 017 사이즈의 미니포클레인을 불러 마무리하기도 한다.

잡석다짐

PE필름

터파기가 완료되면 지반을 튼튼하게 보충하기 위해 잡석다짐을 실시한다. 매립지나 택지개발을 하는 경우는 땅이 튼튼하지 못한 경우가 있어서 꼭 해야 한다. 이후 PE필름을 덮는다. PE필름은 땅에서 습기가 올라오는 것을 방지하기 위한 조치이다. PE필름까지 다 덮으면 그 위에 버림타설을 실시한다. 버림타설은 먹매김을 통해 도면에 적힌 선을 땅에 그리기 쉽게 바닥면을 평평하게 만들어 주는 작업이다. 흙에 먹매김을 실시하면 선이 선명하거나 반듯하게 표시되기가 쉽지 않다. 그래서 콘크리트 면으로 평평하게 만들어 주는 것이다.

기초 공사

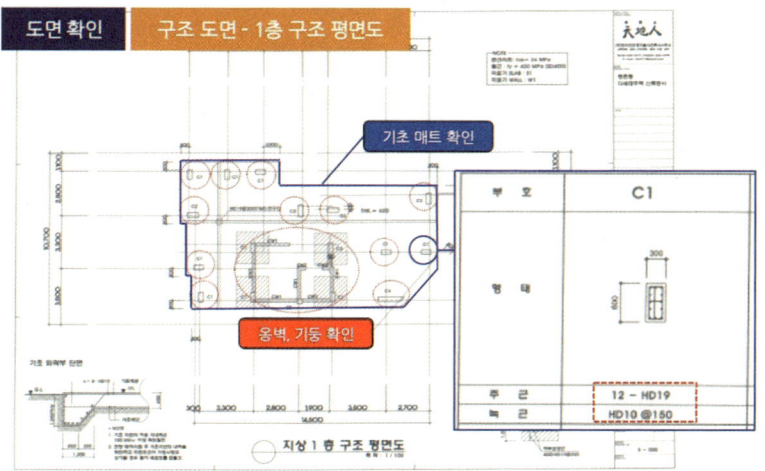

버림타설 후 평면도를 보면서 기초 매트와 옹벽, 기둥을 확인한다. 평면도 그림에서 보면 주근에 12-HD19, 녹근에 HD10@150이라고 기입되어 있다. 주근으로 19mm 철근을 12개 사용하란 뜻이고 녹근으로 100mm, 철근을 150mm 간격으로 설치하라는 것이다. 10mm, 13mm, 19mm, 22mm 네 가지 종류를 주로 쓰이는데 기초와 기둥, 보 등은 구조를 튼튼하게 받쳐 주어야 하므로 19mm, 22mm를 사용하고 벽, 슬라브 등은 10mm, 13mm를 주로 사용한다.

먹매김

거푸집 설치

　기초 매트선과 기둥을 확인하여 먹매김을 실시하고 그 선을 따라 거푸집을 설치하여 거푸집을 따라 기초가 만들어질 수 있도록 틀을 마련한다. 이후 철근을 배근한다. 먹매김은 아주 중요한 작업이므로 골조공사의 최고 경력자 또는 업체 사장님이 직접 실시한다. 먹매김을 잘못하여 골조가 어긋나게 들어선 곳은 콘크리트가 굳은 후 모두 절단하거나 부숴야 한다.

단열재 깔기

철근 배근

　내부 공간이 외부와 직접적으로 또는 간접적으로 맞닿는 곳에는 단열재를 추가로 깔아 준다. 단독주택과 같이 1층이 주거공간으로 되어 있는 경우는 기초 위에 바로 거실, 방, 창고 등의 내부 공간이므로 단열재를 모두 깔아 주고 다가구주택, 다세대주택과 같이 1층이 필로티 주차장으로 구성된 경우는 현관과 복도 공간만 단열재를 깔아 준다. 철근 배근은 하부근을 먼저 설치하고 그다음 상부근을 설치한다. 설치 간격과 철근의 두께는 모두 동일하다.

기계설비 도면과 전기, 통신, 소방 도면을 확인해서 설비(상수, 하수) 공사를 한다.

하수도 설비 공사는 배관이 뻣뻣하기 때문에 하부근과 상부근이 있으면 그 사이에 넣어야 하는데 하부근을 설치하고 상부근을 설치하기 전에 설치해야 한다. 그래서 철근 배근을 할 때는 하수도 설비 업체에서 작업에 같이 투입되어야 한다. 가끔 설비 업체에서 늦게 오는 경우가 있는데 철근작업자는 시간 내에 작업을 마무리해야 하기 때문에 기다려 주지 않는다.

그렇게 되면 상부근을 해체 후 하수도 설비 공사를 하고 상부근을 다시 채워야 하는데 하수도 설비작업자는 상부근 체결에 대한 전문성이 없기 때문에 그 부분을 누락시키거나 잘못 체결할 가능성이 높다.

상부근까지 완료되면 전기 공사 업체에서 전기 CD관을 설치해야 한다. CD관은 하수도 배관과 다르게 휘어지는 성질이 있다. 그래서 철근 배근 작업을 마무리한 후 기초의 전기 공사를 실시한다.

단열재 및 철근 배근과 상수도 배관, 전기 CD관 설치가 모두 끝나면 콘크리트 타설을 해야 한다. 콘크리트 타설 전 반드시 사전 점검을 실시해야 한다. 타설이 완료되면 수정작업 시 비용이 많이 들어가므로 그 전에 감리자가 참석하여 철근의 두께, 간격, 조립 상태 및 결속선의 시공 상태를 비롯한 설비, 전기 배관의 설치 상태 등 기초 공사가 잘되었는지 전반적인 점검을 한다.

그리고 건축주 또는 종합건설사에서는 대지경계선과 건축물의 외벽에 해당하는 거푸집과의 거리가 최소 1,200mm는 나오는지 측정해야 한다. 대지안의 공지 1,000mm와 채광창 제한 1,000mm에서 마감재를

부착하면 200mm 정도 튀어나올 것이기 때문에 1,200mm는 확보해야 한다. 정북 방향의 경우 1,500mm의 거리를 띄워야 하는 조항이 있으므로 마감재 두께를 고려하여 1,700mm 이상은 확보해야 한다. 혹여나 해당 거리를 확보하지 못한 상태에서 기초 및 골조 공사를 마무리하게 되면 골조를 부숴야 하기 때문에 상당히 심각한 문제가 발생한다.

기초 콘크리트 타설

점검이 모두 끝나면 기초 콘크리트 타설을 한다. 타설 작업은 여러 가지 계획을 세우고 집중해야 하는 공정이다. 일기예보를 확인하여 비가 오지 않는 일자로 계획을 세워야 한다. 레미콘은 타설 일주일 전에 미리 섭외를 해 두어야 일정에 차질이 없다. 타설 전 주변의 차량을 이동시키고 차량을 통제하여 레미콘 차량의 이동 경로를 확보한다. 안전을 위해 신호수를 배치하여 철저히 관리한다.

펌프카를 현장 앞에 정착시키면 수십 대의 레미콘 차량이 번갈아 가며 콘크리트를 펌프카에 공급한다. 펌프카는 쉴 새 없이 레미콘을 현장에 타설한다. 타설할 때 바이브레이터 장비로 진동을 주어 콘크리트가 구석구석 골고루 퍼질 수 있도록 한다. 타설 후 3일이 경과하면 콘크리트가 단단히 굳기 때문에 거푸집을 떼어 낸다. 상황에 따라서는 하루 만에 거푸집을 떼어 내는 경우도 있다. 거푸집을 떼어 내면 기초가 완성된 모습을 볼 수 있다.

먹매김

옹벽 바깥 거푸집 설치

이제는 골조 공사를 실시해야 한다. 먼저 옹벽과 기둥에 대한 먹매김을 실시한다. 바닥은 콘크리트 타설로 평평하게 잡혀 있는 상태이기 때문에 기초 공사처럼 별도의 버림 타설은 필요가 없다. 옹벽을 만들기 위해 먹매김 선을 따라 거푸집을 설치한다. 바깥쪽 거푸집부터 설치하고 단열재와 철근을 설치한다.

옹벽 단열재 및 철근 설치

옹벽은 모두 외기에 맞닿는 부분이므로 단열재를 설치한다. 흔히 골조 공사를 할 때 단열재를 같이 설치하는 것을 일체 타설이라고 부르는데 일체 타설은 작업효율성이 높고 단열재가 아주 튼튼하게 콘크리트에 밀착되기 때문에 선호되는 방식이다. 단열재는 불에 잘 타지 않는 성질을 가진 준불연성 단열재를 설치한다.

단열재 다음으로 철근을 설치한다. 기초 공사에서 바닥에 상부근과 하부근을 설치하는 방식과 동일하게 옹벽도 이중으로 철근을 설치한다.

골조 공사

옹벽에 하수도 배관을 공사할 때도 기초 공사 때와 마찬가지로 바깥쪽 철근을 설치하고 배관을 설치한 후 안쪽 철근을 설치하여 이중 철근 사이에 위치하게 한다. 이때 설비작업자와 철근작업자 간 소통을 통해 착오가 없어야 한다. 만약 철근 설치가 끝나고 하수도 배관을 설치하려면 안쪽 철근을 풀고 작업을 실시해야 하므로 철근을 푼 후 다시 체결하기까지 마무리가 잘 안될 가능성이 높다. 전기 CD관과 상수도관은 휘어지는 성질이 있으므로 철근 설치가 끝난 후 설치하여도 큰 문제가 없다.

옹벽 설치가 마무리되면 그 위에 지붕 또는 바닥이 될 슬라브를 설치해야 한다. 슬라브를 지탱하기 위해 지지대 역할을 하는 동바리를 받쳐 준다. 목재와 동바리로 지지대를 만들고 그 위에 합판을 올려놓는다.

그리고 단열재를 깐 후 철근 배근을 한다. 단열재는 외기와 직접 또는 간접적으로 맞닿는 부분에만 설치하기 때문에 슬라브가 주차장 천정, 베란다 바닥, 옥상 등에 해당할 때만 단열재를 깔아 준다.

 이후 하수도, 상수도 배관과 전기 배관을 설치하는 과정은 기초 슬라브와 같이 하부근과 상부근 사이에 설치된다. 이때도 철근작업자와 설비작업자 간 호흡을 잘 맞추어 하부근 설치 후 하수도 배관이 설치될 수 있도록 순서를 잘 맞추어야 한다.

 철근 배근과 설비 배관 설치가 마무리되면 옹벽과 슬라브의 철근 공사가 마무리된 상태이다. 감리가 콘크리트 타설 전 최종 점검을 한 후 타설을 실시한다. 타설은 옹벽과 슬라브를 동시에 실시한다. 기초 공사와 같이 펌프카를 장착하고 레미콘 차량이 번갈아 가며 콘크리트를 펌프카에 공급해 주면 펌프카는 연속하여 슬라브와 옹벽의 타설을 진행

한다. 이때 바이브레이터 장비로 콘크리트가 골고루 퍼질 수 있도록 진동을 준다.

제물 미장

콘크리트 타설을 완료한 당일에 제물미장도 실시하게 되는데 3회에 걸쳐 꼼꼼히 실시해야 한다. 타설이 늦게 끝나 생략하는 경우도 가끔 있는데 골조 후에 하려면 몰탈을 부어서 구배를 다시 잡아야 하기 때문에 비용이 추가로 들어간다. 그래서 누락 없이 그날 마무리해야 한다.

비계 한개층 올리기

1층부터 꼭대기층까지 반복

먹매김

옹벽 바깥쪽 거푸집 설치
옹벽 단열재 및 철근 설치
옹벽 설비 및 전기 공사
옹벽 안쪽 거푸집 덮기

동바리 및 슬라브 합판 설치
슬라브 단열재 및 철근 배근
슬라브 설비 및 전기 공사

골조 콘크리트 타설
제물미장
비계 한 개층 올리기

이렇게 골조 공사는 옹벽과 슬라브를 1층부터 꼭대기 층까지 연속으로 반복되는 작업이다. 작업하는 걸 지켜보면서 점점 건물이 만들어지는 걸 보면 재미가 있다. 주변에 민원이 없으면 정말 빠르게 올라간다. 빠르면 7개월이 아니라 4~5개월 만에도 끝낼 수 있다.

외장 공사 - 방수 공사

외장 공사 중 방수 공사이다. 조인트 방수라고도 부르는데 옹벽과 슬라브가 이어지는 곳에 누수가 발생하므로 그곳에 방수 시공을 해 준다. 창틀이 설치되는 곳에는 콘크리트 옹벽과 단열재 사이의 틈이 노출되는데 그곳도 방수 시공을 하여 누수를 방지해 준다. 눈에 보이지 않는 부분이어서 신경을 쓰지 않으면 누락할 수도 있는 공정이므로 꼭 챙겨서 실시해야 한다.

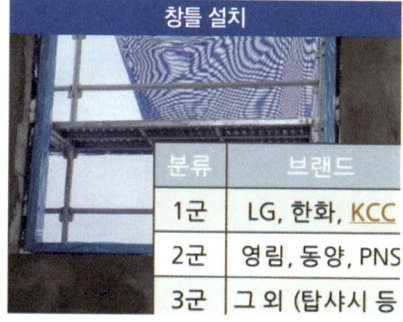

창틀 양중 및 창틀 설치이다. 외벽 공사에서 가장 먼저 시작하는 것이 창틀 설치작업이다. 외벽 공사의 기준점이 되는 공사이다. 창호 브랜드는 1군부터 3군까지 다양하다. 주로 1군 브랜드를 많이 쓰는데 다세대주택을 지을 때는 비교적 가성비가 좋은 KCC를 사용하는 편이다. 브랜드도 중요하지만 기능적인 면에서는 시공 품질이 더 중요하다. 그래서 작업자를 잘 선택하여 시공하는 것이 핵심이다.

외장 공사 – 외벽 공사

외벽 공사에서 대표적인 것이 석재 붙이기이다. 외벽의 석재는 콘크리트에 부착된다. 앙카가 단열재 사이를 뚫고 들어가 콘크리트에 고정되는 것이다. 1톤 이상의 하중도 견딜 만큼 견고하다. 기능적으로 견고하여 반영구적으로 사용할 수 있는 장점이 있는 반면 비용이 비싸고 석재와 단열재 사이의 공간이 생겨 외벽의 두께가 두꺼워져서 내부사용 면적이 일부 줄어든다는 단점이 있다.

외장 공사 - 외벽 공사

외장 공사 중에 벽돌 쌓기가 있다. 벽돌은 쌓는 것이므로 하부에 조적턱을 설치하여 침하를 방지한다. 그리고 쌓은 벽돌이 무너지지 않도록 중간 과정에서 화스너와 앙카를 고정하여 튼튼하게 잡아 준다. 여기서 사용되는 앙카 역시 단열재를 뚫고 콘크리트에 부착되기 때문에 아주 튼튼하다. 석재 붙이기와 마찬가지로 반영구적 사용 가능하다는 장점이 있는 반면 비용이 비싸다는 단점이 있다.

외장 공사 - 외벽 공사

외벽 공사 중 스타코, 메쉬미장, 뿜칠, 미장하는 모습이다. 디자인과 가성비 등의 이유로 스타코 공법을 택하는 경우가 많다. 흔히 말하는 드라이비트 공법이다. 이름만 스타코로 변경되었을 뿐 드라이비트와 같은 습식 공사이다. 앙카로 콘크리트에 고정하는 석재와 벽돌 외벽과는 달리 물을 사용하여 벽에 바르는 방법이다. 몰탈을 바르고 스타코로 마감을 짓는데 튼튼하게 하기 위해 몰탈 전에 메쉬를 넣는다. 가격이 저렴하고 단열재와 사이 공간이 생기지 않아 면적 활용 측면에서 유리하여 많이 사용하지만 시간이 지나면 떨어지거나 갈라진다는 단점이 있다.

외장 공사 - 두겁 공사

두겁석

징크

외장 공사 중 두겁 공사이다. 콘크리트 옹벽에 외벽을 붙이고 나면 옥상 턱이나 베란다 턱의 상부 쪽에 빈 공간이 생긴다. 비가 오면 그곳에 물이 들어가므로 두겁석이나 징크로 덮어 보호해 준다. 물이 두겁에 떨어졌을 때 흐르는 방향은 외벽이 아닌 내부 쪽으로 향하도록 구배를 준다. 그래서 오수 배관을 통해 빗물이 빠져나가도록 시공을 한다.

외장 공사 - 지붕 공사 (아스파트 쉬글)

하지 공사 - 방수 시트

아스파트 쉬글

지붕 공사 중 아스팔트쉬글 공사이다. 방수시트를 붙이고 아스팔트 쉬글 마감재를 붙이게 된다. 콘크리트 레벨에 고정하는 것이 아니라 방수시트 위에 그대로 붙이는 작업이어서 비용은 저렴하지만 시간이 지나면 떨어지거나 파손되어 누수현장이 발생되기 쉽다. 이 방법은 가급적 피할 것을 권장한다. 빗물로부터 누수 현상을 막기 위한 최전방 방어선에 해당하는 것이 지붕이니 기능적으로 우수한 공법으로 시공하기를 추천한다.

외장 공사 - 지붕 공사 (기와)

지붕 공사 중 기와 공사이다. 목공으로 콘크리트 레벨에 고정하는 하지작업을 하고 그 위에 방수시트를 덮고 기와로 마무리하는 공사이다. 아스팔트 슁글보다는 견고하지만 기와가 떨어지거나 깨는 현상이 발생되므로 여전히 누수의 가능성에 노출된다.

외장 공사 - 지붕 공사 (징크)

지붕 공사 중 징크 공사이다. 각 파이프를 콘크리트에 고정하여 합판을 덮고 방수시트를 덮은 후 징크를 덮어 최종으로 마무리한다. 비가 와도 누수 될 틈이 거의 없을 뿐만 아니라 아주 견고하다. 바람이 세차게 불어도 떨어지지 않고 반영구적이다. 비용이 조금 올라가기는 하지만 앞서 이야기한 최전방 방어선인 지붕만큼은 견고하고 기능적으로 우수한 징크로 공사를 진행해야 한다.

외장공사 - 비계 공사

외벽 공사와 지붕 공사를 끝내면 비계를 해체한다. 비계는 대여를 하기 때문에 임대비용이 발생하므로 해체 후 즉시 반납해야 한다. 하루만에 해체작업을 마무리하기 위해 많은 수의 인원이 한꺼번에 투입된다. 이때는 안전을 위해 반드시 안전모를 착용해야 하고 안전모를 착용하지 않은 상태에서는 주변에 접근하지 않는 것이 좋다. 위쪽에서 쇠로 된 자재들이 땅으로 떨어지는 경우가 많아 상당히 위험에 노출된 작업이다.

외장 공사 – 창호 공사 (창짝)

창호 공사 중 창짝을 설치하는 공사이다. 비계를 해체한 후 스카이 장비를 활용하여 양중하고 설치한다.

내장 공사는 물 내부(벽, 바닥, 천장 등)의 치장과 설치를 위주로 한 마무리 공사로, 적절한 구조와 재료를 선택하여 생활공간을 아름답고 기밀성과 내구성이 있게 꾸며야 한다.

내장 공사의 사용개소·재료·공법은 벽치장용·바닥치장용·천장치장용·창문치장용(휘장, 커튼, 블라인드 등)·가구구조물(붙임용 선반 등) 등으로 나누어지며, 사용하는 소재에 따라 전문직종의 기능공이 시공을 한다. 따라서 내장 공사를 할 경우에는 골조 공사와 아울러 적절한 구조와 재료를 선택하여 생활공간을 취미나 감정을 고려하여 아름답고 기밀성과 내구성이 있게 꾸민다.

　조적벽과 ALC블록이다. 철근콘크리트를 통해 골조 공사를 마치고 이후 가벽을 만든다. 공간이 협소하거나 비용 등의 이유로 조적벽, ALC블록, 경량벽체를 후 공정으로 실시한다. ALC블록의 경우 소규모 건축 현장에서는 잘 사용하지 않는다. 주로 협소한 공간에 조적벽으로 마무리를 하고 대부분 경량벽체를 설치한다.

경량벽체이다. 가장 효율적인 가벽 중 하나이다. 많은 부분의 면적을 적은 비용과 시간을 투입하여 설치할 수 있어 활용성이 높다. 스터드로 뼈대를 세우고 글라스울의 단열재를 넣고 석고보드로 마무리를 해 준다. 건물을 지탱하는 내력벽이 아니라면 철근콘크리트 옹벽보다는 경량벽체를 활용하는 것이 비용적인 측면에서 좋다.

문틀 설치

문틀 설치이다. 내장 공사의 첫 단추라고 할 수 있다. 내벽과 바닥의 기준점을 세우는 역할을 한다. 문틀을 기준으로 경량기포 및 방통 몰탈의 높이를 잡게 되고 석고보드의 튀어나옴 정도를 조절한다. 아파트 공사현장에서는 문틀의 손상을 방지하기 위해 가틀을 설치하고 본틀은 나중에 설치한다. 하지만 소규모 건축은 현장 여건상 가틀을 설치하기가 쉽지 않다. 그래서 본틀을 바로 설치하므로 손상되지 않게 보양작업을 바로 실시하여 스크래치나 파손으로부터 보호해야 한다.

내장 공사 - 미장 공사

　내장 공사 중 미장 공사인데 면갈이와 견출이다. 콘크리트 타설은 거친 작업이어서 정교함이 떨어진다. 골조공사 후 튀어나온 부분은 글라인더로 면갈이를 해 주고 들어간 부분은 견출작업을 통해 메꾸어 준다. 마감을 고려하여 페인트를 칠하는 계단 천정 같은 경우는 전체 미장작업을 통해 페인트를 칠할 수 있도록 면을 잡아 준다.

내장 공사 - 하수도 배관 공사

천정하수도 배관설치이다. 수직배관은 벽을 타고 올라오지만 각 층의 수평으로 된 배관은 골조 공사 이후 천정 부위에 설치된다. 천정에 설치된 배관은 그 위층에 사용되는 것이다. 화장실의 천정을 뜯어 보면 위층에서 사용하는 하수 배관이 설치된 것을 볼 수 있다. 그렇다면 내가 사용하는 화장실의 하수 배관은 아래층에 설치되어 있다고 보면 될 것이다.

내장 공사 - 상수도 배관 공사

바닥상수도 배관 설치이다. 수직 배관은 하수도 같이 벽을 타고 올라

오지만 각 층의 수평으로 된 배관은 골조 공사 때 일체 타설로 같이 매설하기도 하지만 이후 후공정으로 바닥 부위에 설치되기도 한다. 비교적 두께가 얇기 때문에 바닥에 설치하고 경량기포콘크리트로 덮어 준다.

내장 공사 – 바닥 몰탈 미장 1

바닥 몰탈 미장이다. 경량기포콘크리트를 부어 바닥면을 고르게 해주는 작업인데 그 전에 바닥차음재를 깐다. 바닥차음재는 전체적으로 얇게 고르게 깔아 줄 수도 있고 방과 거실을 구분하여 취침을 하는 방에는 더 두껍게 차음재를 깔아 효율성을 줄 수도 있다.

내장 공사 – 바닥 몰탈 미장 2

　바닥 차음재를 깔고 나면 그 위에 경량기포콘크리트를 부어 바닥면을 고르게 맞춰 준다. 경량기포콘크리트가 최종 마감재를 붙이기 직전의 바탕작업은 아니지만 그 위에 난방을 위한 XL파이프를 깔아야 하므로 최대한 평평하게 맞춰 주는 것이 중요하다.

내장 공사 – 바닥 난방 공사

　바닥 난방 공사를 위한 XL파이프 설치 및 방통 몰탈이다. 경량기포콘크리트로 몰탈 미장이 마무리되면 그 위에 난방 공사를 해 주는데 XL파이프를 고르게 누락되는 곳 없이 깔아 준다. XL파이프가 누락된 곳에는 결로현상이 발생될 가능성이 높다. 그리고 그 위에 방통 몰탈을 부어 주면 마감재를 붙일 수 있는 바닥 부분의 최종 바탕면이 완성된다.

인테리어 공사 – 내장 목공사

벽면 석고보드 떡가베

천정 석고보드 목공사

내장 목공사 중에 벽면 석고보드 떡가베 및 천정 석고보드 목공사다. 벽지 마감일 경우 벽면은 떡가베를 통해 석고보드를 붙여 시간과 비용 측면에서 효율적인 작업을 해 준다. 천정은 목공사를 통해 기준점을 잡고 석고보드를 붙여 준다. 우물천장, 라인조명, 간접조명 등의 마감 요소에 따라 합판으로 별도의 마무리 작업을 해 준다.

인테리어 공사 – 내장 목공사

천정 몰딩

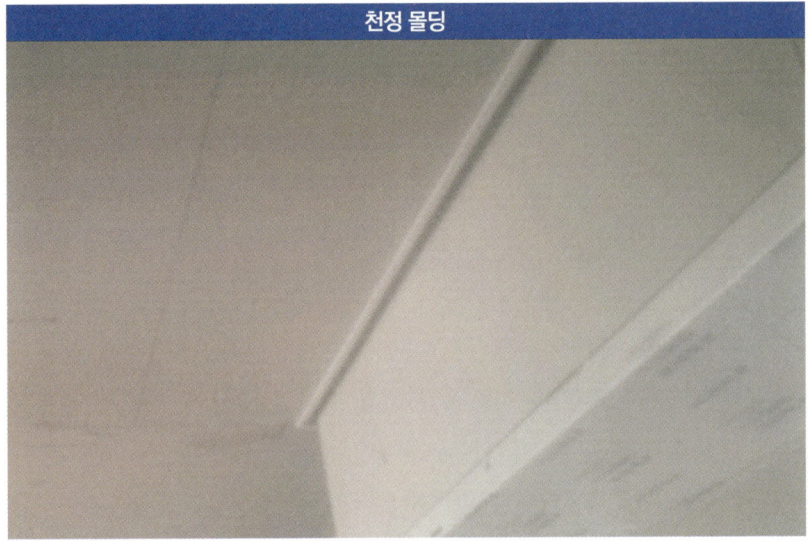

　석고보드와 합판을 붙인 다음 천정 몰딩을 붙여 준다. 천정과 벽체의 마감이 깔끔하게 나올 수 있도록 재료 분리대 역할을 해 준다. 무몰딩, 마이너스 몰딩, 계단 몰딩 등 다양한 방법이 있다. 신축 아파트의 경우 계단 몰딩을 주로 사용한다. 비교적 시공이 쉽고 비용이 적게 들기 때문이다. 좀 더 고급스럽게 마감을 해 주고 싶다면 몰딩이 안으로 들어가 있는 마이너스 몰딩이나 몰딩은 아예 없애 버리는 무몰딩을 적용하면 공간이 좀 더 넓어 보일 수 있다. 하지만 석고보드를 한 장 더 설치해 주고 수평과 수직을 맞추기 위한 작업이 정교해지기 때문에 비용이 상승한다.

인테리어 공사 – 타일 공사

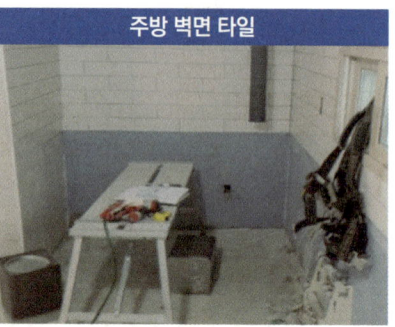

　인테리어 타일 공사 중에 욕실과 주방 벽면 타일이다. 목공이 끝나면 타일 공사를 진행하게 된다. 주로 물을 사용하는 곳에 타일 공사로 마무리를 짓는 편이다. 욕실의 바닥과 벽면 1m 정도 되는 곳은 물이 닿는 횟수가 빈번하므로 방수시공을 사전에 해 준다. 타일을 고르는 팁을 하나 드리면 바닥과 벽면을 모두 600×600 사이즈의 타일을 설치해 주면 깔끔하고 비교적 넓게 보인다. 다만 타일의 선을 맞추어 주는 작업에 신경을 좀 써야 한다.

인테리어 공사 – 타일 공사

베란다 바닥과 거실 벽면 타일이다. 베란다 바닥은 물을 사용하는 공간이므로 타일 시공 전에 방수 공사를 꼭 해 줘야 한다. 그리고 완벽한 실내공간이 아니므로 비교적 가성비가 좋은 타일을 설치하여 마무리해 준다. 거실 벽면은 인테리어를 목적으로 설치하며 흔히 아트 월이라고 부른다. 도배만 있는 거실의 한 곳에 아트 월을 설치해 준다면 한층 더 세련된 실내공간을 연출할 수 있다.

인테리어 공사 – 타일 공사

현관 바닥 타일

복도 벽면 타일

현관 바닥과 복도 벽면 타일이다. 현관 바닥은 처음 집으로 들어오는 입구인 만큼 넓어 보일 수 있도록 큼직하게 600×600 사이즈의 타일을 설치한다. 계단과 복도는 오픈된 구조일 경우 깔끔한 마무리를 위해 타일을 선택하는 경우가 많다. 주로 벽면은 타일로 진행하고 바닥은 자주 밟고 다니는 곳이므로 깨지지 않기 위해 석재를 선택하는 경우가 많다. 아파트와 같이 별도의 계단실이 있는 경우는 자주 드나드는 곳이 아니므로 비용 절감을 위해 바닥은 타일로 깔고 벽면은 무늬코트로 뿌려 줘도 무방하다.

인테리어 공사 – 석재 공사

복도 계단 및 현관 디딤판 석재다. 계단이 오픈된 구조에서는 사용 빈도가 높아 석재로 마감하여 여러 차례 밟고 다녀도 깨지지 않도록 견고함을 높여 준다. 현관에 디딤판 또한 자주 밟게 되므로 석재로 튼튼하게 마감한다. 디자인을 위해서는 디딤판을 현관 바닥과 같은 색상으로 설치할 수도 있지만 발을 헛디뎌 넘어지지 않도록 하려면 현관 바닥과 반대되는 색상을 설치해야 한다.

인테리어 공사 – 도장 공사

도장 공사이다. 롤러를 사용하여 바르는 방법이 있지만 뿜칠로 뿌려서 마감할 수도 있다. 도장은 바탕면의 상태에 따라 눈에 보이는 품질이 결정된다. 바탕면이 울퉁불퉁하거나 부분적으로 구멍이 있으면 도장 마감 후 해당 부분이 그대로 드러난다. 그렇다고 바탕면 전체에 퍼티를 발라서 고르게 만들어 주는 올 퍼티로 시공하기에는 비용이 너무 많이 든다. 실내공간은 그렇게 하겠지만 외부 공간까지 그렇게 하기는 쉽지 않다. 그래서 보통은 무늬코트라고 부르는 점박이 있는 디자인으로 뿜칠로 마감하는 경우가 많다. 점박 무늬가 바탕면의 결점을 가려주는 효과이다.

인테리어 공사 - 도장 공사

베란다 벽면 도장

베란다 벽면에도 도장으로 마감한다. 실내공간이기는 하지만 슬리퍼를 신고 나가야 하는 외부 공간처럼 활용된다. 그래서 마감을 도배로 하거나 바탕면을 올 퍼티로 잡아 준 후 도장 칠을 하는 등의 고급 마감보다는 무늬코트 또는 흰색의 도장으로 가성비를 고려한 효율적인 마감을 해 준다.

인테리어 공사 - 난간 공사

계단은 안전을 위해 난간을 설치한다. 옥상도 마찬가지다. 디자인적인 부분을 고려한다면 유리 난간이나 평철 난간을 설치하면 좋다. 다만 비용이 증가하는 단점이 있다. 저렴하게 시공하려면 각 파이프 난간으로 설치하면 된다. 각 파이프가 굵어서 더 비쌀 것 같지만 얇고 튼튼하게 만들어야 하는 평철이 더 비싸다. 절충안을 찾는다면 눈에 자주 보이는 계단은 평철 난간을 선택하여 상단에 손잡이를 설치하고 외부 옥상은 각 파이프 난간으로 설치하는 것도 괜찮아 보인다.

인테리어 공사 – 난간 공사

다락 난간

　다락에도 난간을 설치하여 낙하를 방지한다. 다락은 내부 공간이므로 디자인적으로 복도 계단이나 외부 옥상의 난간과는 구분되어야 한다. 각 파이프 난간은 너무 투박해 보이기 때문에 평철 난간이나 유리 난간을 설치하여 디자인 품질을 높여 준다.

인테리어 공사 - 욕실 공사

욕조

 욕조 공사이다. 타일을 설치하고 욕조를 놓을 수도 있고 욕조를 설치하고 타일을 놓을 수도 있다. 시공 상으로는 전자가 편하지만 공간적인 측면에서는 후자가 유리하다. 요즘 신축되는 아파트를 보면 두 개의 욕실 중 하나는 욕조를 설치하고 나머지 하나는 샤워기만 설치하는 추세이다. 다세대주택이나 다가구주택과 같이 좁은 2룸에는 공간이 부족해 욕조 설치가 어려울 수도 있으니 신중히 판단해서 결정해야 한다.

인테리어 공사 - 욕실 공사

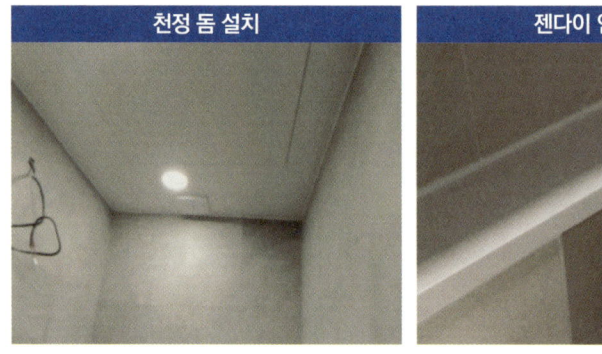

천정 돔 설치

젠다이 인조대리석

천정 돔 설치 및 젠다이 공사이다. 천정 돔은 반드시 평돔으로 해 줘야 세련되고 깔끔하다. 젠다이는 세면대가 설치되는 곳에 만들어 주고 그 위에 판을 깔아 준다. 세면을 할 때 고개를 숙이면 그 위에 있는 욕실가구에 머리가 부딪힐 수 있는데 젠다이가 있으면 이를 방지해 준다. 공간이 된다면 젠다이가 샤워하는 곳까지 연결되면 선반으로 활용할 수 있어 깔끔하고 좋다.

인테리어 공사 – 마루 공사

마루 공사 중 강마루와 걸레받이다. 장판, 강화마루, 강마루, 포세린, 폴리싱 등의 마감이 있지만 보통 강화마루와 강마루를 사용한다. 비용이 좀 들어가지만 포세린과 폴리싱의 타일로 마무리를 하면 공간이 더 넓게 보이고 세련되어 좋다.

인테리어 공사 - 조명 공사

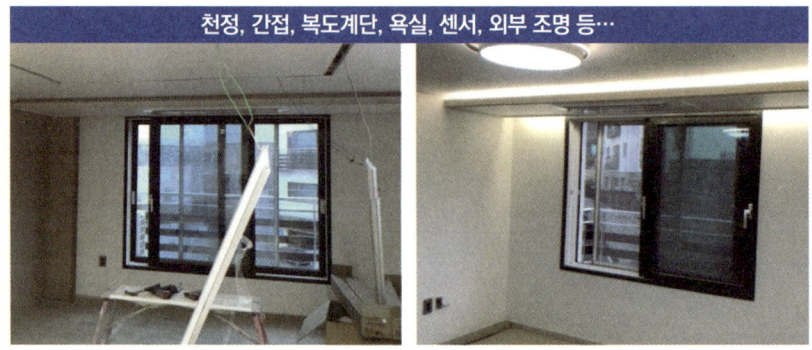

인테리어 조명 공사 중에 천정, 간접, 복도계단, 욕실, 센서, 외부 조명이다. 요즘은 라인조명이 유행이다. 선이 쭉 뻗어 있어 시원하고 깔끔한 느낌을 준다. 그리고 라인조명이 없는 곳은 모두 4인치 또는 3인치 매립 등을 설치하면 깔끔하다. 등을 마무리하면 곧 준공이 될 것이라고 기대하면 된다.

부대토목 및 마무리 공사 - 인입 공사

부대토목 공사 중 상수도 인입 공사이다. 외부의 시설과 건축 현장의

시설이 결합될 경우 공용시설을 사용하는 것이므로 연결 후 별도의 검사를 받아야 한다. 상수도 인입 공사는 시군구에 요청하면 관련 업체가 와서 설치 및 검사 절차를 모두 진행해 준다.

부대토목 및 마무리 공사 - 인입 공사

하수도 인입

마무리 공사 중에 하수도 인입 공사이다. 상수도 인입과는 달리 업체를 직접 선정해서 진행해야 한다. 잘 아는 업체를 선택하여 진행할 수도 있지만 인허가를 원활하게 진행하기 위해 인근의 지역 업체를 활용할 것을 추천한다. 해당 지역 업체는 시군구청의 담당자와 자주 소통을 해 왔기 때문에 인허가를 받는데 비교적 유리하다. 시군구청에 업체를 소개시켜 달라고 요청하면 여러 업체의 리스트를 줄 것이다. 그중에서 선택하여 진행하면 된다.

부대토목 및 마무리 공사 – 인입 공사

도시가스 인입 공사이다. 도로 밑에 깔려 있는 공용 도시가스 시설과 공사 현장의 도시가스를 연결하는 작업이다. 건축 현장의 도시가스 공사를 해 주는 업체를 통해 인입 공사를 같이 진행하면 된다.

부대토목 및 마무리 공사 – 1층 외부

마무리 공사 중에 경계석 깔기 및 주차선 그리기이다. 항상 기준점을 세워야 하는데 경계석이 외부 바닥 마무리 공사의 기준점이다. 경계석을 기준으로 아스콘, 보도블록 등의 바닥마감재의 높이 기준을 맞추게 된다. 경계석을 깔기 전 콘크리트를 부어 경계석이 견고하게 안착될 수 있도록 해 준다.

부대토목 및 마무리 공사 - 1층 외부

아스콘(아스팔트 콘크리트) 및 보도블록이다. 차량이 지나다닐 수 있을 정도로 튼튼하게 만들어야 한다. 오랫동안 쓸 수 있는 것은 아스콘이지만 디자인상 보도블록이 좋다. 요즘은 디자인을 중요시 여기기 때문에 유지 보수만 해 줄 수 있다면 보도블록을 추천한다. 다만 차량 통행이 너무 빈번한 곳이면 아스콘으로 마무리하는 것이 유지보수 측면에서 편리하다. 비용은 비슷하므로 현장상황을 고려하여 선택하면 된다.

부대토목 및 마무리 공사 - 1층 외부

울타리

 1층 외부 울타리 공사이다. 인접대지와의 단차가 있을 경우 낙하 방지를 위해 울타리를 설치해야 한다. 이왕 울타리를 설치하는 것이면 울타리 기둥마다 태양광으로 된 전등을 설치해 주면 야간에만 불빛이 들어오고 별도의 전기시설을 설치하지 않아도 되므로 편리하다.

부대토목 및 마무리 공사 - 마무리

준공 청소

간판 달기

 준공을 위한 마지막 단계로 준공 청소 및 간판을 다는 절차가 남았다. 건물을 사용할 수 있는 환경을 만들어 주고 간판 및 건물 번호판을 설치하여 건물로 기능을 할 수 있는 최종 마감을 하게 된다.

(2) 꼬마빌딩을 짓기 위해서 종합건설면허를 가진 시공사 선정이 중요하다

건축을 위한 건설 면허에는 종합건설면허와 전문건설면허가 있다. 우리가 서울에 꼬마빌딩을 짓기 위해 건설사를 선정하려 할 때 어느 건설사를 선정해야 할까? 바로 종합건설면허를 가지고 있는 곳이다. 보통은 종합건설면허 중에서 건축공사업 면허를 보유하고 있다. 종합건설사는 공사를 진행하기 위해 하청을 주게 된다. 철근콘크리트 공사업, 실내건축공사업, 상하수도 설비공사업, 비계구조물 해체공사업, 도장공사업 등 전문건설면허를 보유한 건설사에 하청을 주어 공사를 진행한다. 그러면 종합건설사가 여러 전문건설사를 관리하는 구조가 된다. 종합건설 면허 취득 방법은 건축공사업 법인설립 기준으로 설명하면 건축공 사업면허를 취득하기 위해서는 실질적으로 운영에 필요한 3가지 기본 조건을 갖추어야 한다.

첫 번째 공사를 진행하려면 자본금이 3억 5,000만 원이 필요하다. 약 1억 5,000만 원 정도는 건설공제조합에 출자를 해서 보관해 두고 나머지 약 2억 원으로 회사 운영을 시작하게 된다.

두 번째 기술자를 보유하고 있어야 하는데 신축을 하려면 현장을 관리할 인력이 많이 필요하다. 중급 기술자 2명, 초급 기술자 3명, 총 5

명의 건축 기술 인력이 필요하다. 종합건설사에서는 이분들을 4대보험이 가입된 정직원으로 고용해서 꾸준한 급여를 제공해야 한다.

세 번째는 회사를 운영할 사무실이 당연히 있어야 한다. 종합건설사 단독으로 사업자를 등록하여 사용할 수 있는 공간이 필요하다. 이 세 가지 조건을 모두 갖추어서 정식등록절차를 밟으면 종합건설면허를 취득하실 수 있다.

(3) 시공사와 설계사무소는 목적에 맞게 선택해야 한다

설계사무소를 선정하는 방법과 유의사항을 설명하면 건축주가 지으려는 해당 건축물 종류의 설계 경험이 많은 분으로 선정하는 것이 중요하다. 만약 다세대주택을 짓는다고 가정을 하면 다세대주택 설계를 많이 설계해 본 설계사를 선택해야 한다. 부동산 투자 전문가 중에서도 건축, 경매, 분양권, 아파트 갭투자, 재개발·재건축, 상가 등을 모두 다 잘하기는 어렵다. 각각 본인이 잘하는 주 종목이 있기 마련이다.

건축설계도 마찬가지다. 아파트, 다세대주택, 단독주택, 공장, 지식산업센터, 상가 등 각각 건축물의 목적에 따라서 규모와 형태 그리고 법규 사항이 다르다. 만약 단독주택 설계를 많이 해 본 전문가에게 다세대주택 설계를 맡기면 퀄리티를 중요하게 생각해서 공간 활용의 효율성이 떨어져 수익률이 낮게 나올 수도 있다. 반대로 다세대주택 설계를 많이 해 본 전문가에게 단독주택 설계를 맡기면 너무 가성비만 생각해서 퀄리티가 낮은 설계가 나올 수도 있다. 그리고 각각 주 종목이 아닐 경우 무엇보다도 설계 내용이 구체적이지가 않다.

 다음으로 시공사를 선정하는 방법과 유의사항을 설명하겠다. 시공비는 토지비 다음으로 비중이 높다. 때론 시공비가 토지비보다 더 높은 경우도 있다. 그래서 시공사를 선택할 때는 비용을 고려하지 않을 수가 없다. 마냥 품질만 생각하다가는 수익률이 낮아질 가능성이 높다. 그렇다고 수익률만 생각하다가는 품질이 낮아질 수 있다. 그래서 좋은 품질과 저렴한 가격을 모두 갖춘 시공사를 선정해야 한다. 과연 그런 곳이 있을까? 결국은 적당한 품질과 적당한 가격의 시공사를 선정하는 것으로 타협을 봐야 한다. 사실 건축 경험이 좀 필요한 부분이다. 혹자는 계약방법이 중요하다고 이야기하곤 한다. 알아서 다 해 주는 턴키방식은 덤탱이를 쓸 수 있기 때문에 절대 안 되고 직영으로 직접 해야 한다고 말하기도 한다. 하지만 그렇지 않다. 턴키가 더 좋은 경우도 있고, 직영이 더 좋은 경우도 있다.

 Case By Case라서 건축 현장별로 각각 판단해야 한다. 결국 경험이 좀 있어야 한다. 그렇다면 방법이 아예 없을까? 필자는 현장 소장을 선택하는 것이 가장 중요하다고 말하고 싶다. 소규모 건축 현장의 경우는 현장 소장의 영향력이 아주 크다. 누가 현장을 지휘하느냐에 따라서 건축 기간과 비용에서 많은 차이를 보인다. 튼실한 건설사에 실력 없는 현장 소장보다 신규 건설사지만 베테랑 현장 소장이 있는 곳이 훨씬 더 좋다. 그래서 현장 소장이 직접 일하는 모습도 지켜보고 주위 사람들의 평판도 들어 보고 직접 대화도 해 보며 확인해야 한다.

(4) 신축 사업 시 공실이 생기지 않게 하는 임대 전략

임대를 놓는 목적이 결국 돈을 버는 부분이라 제일 신경을 많이 써야 한다. 그래서 임차보증금은 항상 최대금액으로 받는다는 원칙을 가져야 할 것 같다. 그래야 건물을 관리할 수 있는 돈도 마련되고 건물을 오랫동안 유지시킬 수 있을 것 같다. 괜히 마음 약해져서 보증금을 적게 받으시는 분이 있는데 그러면 나중에 결국 후회한다. 그 외 부분들은 임차인과 원만한 관계를 유지하면서 해결해 나가면 될 것 같다. 그리고 필자는 임대 관리보다는 그 유형에 대해서 알려 주고 임대 전략의 좀 더 근본적인 부분으로 들어가서 이야기를 하고 싶다. 보통 우리가 임대를 놓는다고 하면 월세를 생각하는데 이건 한번 생각해 볼 문제인 것 같다. 건축물의 유형에 따라서 월세가 유리한 건물이 있고 또는 전세가 유리한 건물이 있다.

원룸 신규 수요

가구 변화		원인					
		학업(대학교)	취업	취업 후 결혼청년기 경과	결혼	이혼	사망(고령)
기존 가구	가구 구조	3~4인 가구 → 2~3인 가구	3~4인 가구 → 2~3인 가구	1인 가구	3~4인 가구 → 2~3인 가구	3~4인 가구 → 1~2인 가구	2인 가구 → 1인 가구
	주택 유형	아파트/빌라	아파트/빌라	원룸 → 아파트/빌라	아파트/빌라	아파트/빌라	아파트/빌라
신규 가구	가구 구조	1인 가구	1인 가구	-	2인 가구	1~2인 가구	-
	주택 유형	원룸	원룸	-	아파트/빌라	아파트/빌라	-
해체 가구	가구 구조	-	-	-	1인 가구	-	1인 가구
	주택 유형	-	-	-	원룸	-	아파트/빌라

최대 6년간 지속 (29~35세)

예를 들어서 원룸의 경우를 살펴보면 원룸은 월세가 생각난다. 왜일까? 방이 작아서? 그냥 원룸이라서? 그렇지 않다. 여기에는 분명한 이유가 있다. 항상 실사용자가 누군지 생각해 봐야 한다. 원룸은 젊은 사람들이 주로 거주한다. 대학생 또는 결혼을 하지 않은 사회 초년생이다. 나이 50세나 60세에 원룸에 들어가서 생활하는 것을 상상할 수 있는가? 그래서 그 젊은 사람들이 결혼을 하거나 나이가 들면 거의 대부분 아파트나 빌라로 옮겨 간다. 애도 키우고 손님들도 초대하고 남들에게 보여 주기도 하고 그렇게 생활을 하려면 방 3개, 화장실 2개는 있어야 한다.

그렇다 보니 원룸의 실사용자는 29세에서 35세까지이고 29세에 거주를 시작하여 35세에 탈출한다고 하면 오래 거주해도 6년을 넘기기 어렵다. 그렇게 오랫동안 거주할 것이 아니기 때문에 대부분 월세로 거주하게 된다. 그래서 원룸이 월세 상품의 상징이 된 것이다. 하지만 여기에는 조금 아쉬움이 남는 부분이 있다. 원룸의 수요층은 길어야 6년인데 원룸의 건축물 수명은 40년이 넘는다. 수요보다 공급이 훨씬 더 많은 수요와 공급의 심각한 불균형이 발생하는 것이다. 그래서 새롭게 진입하는 경우라면 원룸으로 월세를 놓는 것은 진짜 좋은 도심의 중심지가 아니라면 권하고 싶지는 않는다. 그래서 필자는 오히려 전세를 놓는 부동산을 권해 주고 싶다. 전세는 목돈이 들어 가다보니 오랫동안 거주할 수 있는 아파트나 빌라에서 흔히 이루어지는 임대차 계약의 형태이다.

빌라 및 아파트 신규 수요

가구 변화		원인					
		학업(대학교)	취업	취업 후 결혼청년기 경과	결혼	이혼	사망(고령)
기존 가구	가구 구조	3~4인 가구 → 2~3인 가구	3~4인 가구 → 2~3인 가구	1인 가구	3~4인 가구 → 2~3인 가구	3~4인 가구 → 1~2인 가구	2인 가구 → 1인 가구
	주택 유형	아파트/빌라	아파트/빌라	원룸 → 아파트/빌라	아파트/빌라	아파트/빌라	아파트/빌라
신규 가구	가구 구조	1인 가구	1인 가구	-	2인 가구	1~2인 가구	-
	주택 유형	원룸	원룸	-	아파트/빌라	아파트/빌라	-
해체 가구	가구 구조	-	-	-	1인 가구	-	1인 가구
	주택 유형	-	-	-	원룸	-	아파트/빌라

약 50년간 지속 (35~85세)

　아파트와 빌라는 거주 기간이 평생이다. 35세에 입주해서 90세에 사망한다고 가정하면 수요 발생 기간은 65년이다. 건축물의 평균수명인 40년보다 더 긴 기간이다. 수요와 공급의 균형에서 수요가 조금 더 우세하거나 비슷하다. 그래서 좋은 시장이 계속 유지될 수 있다. 주택 형태의 건물을 지어서 임대를 놓는다고 하면 3룸 또는 최소 2룸 이상의 다가구 주택이나 다세대주택을 지어서 전세를 놓고 관리하길 추천한다. 그러면 그 돈을 다른 곳으로 또 굴리면서 자금을 불려 나갈 수 있다.

　얼마 전 같이 일하시는 공무과장님께 다가구주택을 하나 추천 했다. 넓은 거실 1개와 방 2개로 구성된 가구가 6개실이 있는 건물이었는데 보증금과 대출을 끼고서 실투자금 2억 원에 구입을 했다. 요즘 그분이 필자에게 고맙다고 매번 밥을 사 주신다. 2021년 7월 달에 구입을 하셨을 때 기존에는 6개 호실 모두가 월세로 맞춰져 있었는데 기존 건물주가 대출이자를 내고 매번 수리해 주고 나면 본전밖에 안 되니깐 8년간 보유하다가 매도한 거다. 필자는 이것을 전세로 모두 바꾸었다. 2억 원을 투자했는데 대출금을 모두 전세금으로 대환하고 3억 원을 회수하면서 투자원금 2억 원을 제외하고도 1억 원이 추가로 남았다. 이분은 이제 2년마다 5%씩 올려 받으며 그걸로 수익을 삼으실 수 있게 되었다.

여기서 의문을 가지는 분들이 있을 것이다. 월세로 수익이 안 되는데 어떻게 전세로는 수익이 되었을까? 정답은 바로 실사용자에 있다. 실사용자가 원하는 임대차 형태가 무엇인지가 중요하다. 2룸 다가구주택은 신혼부부나 노부부가 주로 거주하기에 좋다. 그래서 실사용자는 전세 형태를 대부분 선호한다. 전세가 인기가 좋으니깐 당연히 그 효율성이 월세보다 더 높다. 그래서 형태만 바꾸었을 뿐인데 수익이 났던 것이다.

그래도 굳이 월세를 원하는 분들이 있을 것이다. 물론 그럴 수 있다. 월세는 매달 돈이 들어오니깐 매력적으로 느껴진다. 그런 분들은 상가나 사무실을 지어서 운영하기를 추천한다. 왜냐하면 상가와 사무실은 가게나 회사를 운영하기 위해 입주하기 때문에 실사용자가 월세 임차인이다. 월세의 인기가 많으니 월세 수익률도 주택에 비해 높은 편이다. 가게나 회사도 평생 운영하는 개념으로 가져가기 때문에 수요와 공급의 균형에도 문제가 없다. 그러려면 상권에 대해서 많은 공부를 해야 한다. 상권분석은 주택보다 10배로 어렵다. 웬만큼 자신 없으면 주택으로 접근하길 추천한다.

(5) 신축 사업 시 인허가

건축 허가의 흐름인데 꼬마빌딩 건축을 기준으로 시간 순서대로 이야기하면 부지매입, 설계 및 인허가, 건축 공사, 분양 크게 4가지 단계가 있다. 건축 목적에 따라서 각 절차별로 신경 쓰는 부분이 조금씩 다를 수 있는데 건축주가 건축을 통해 수익을 내려는 목적으로 접근해 보겠다. 모든 단계가 중요할 수도 있지만 목적이 수익이기 때문에 부지매입과 분양에 가장 많은 노력을 기울여야 한다.

이 두 가지는 빨리한다면 1개월 안에도 모두 해치울 수 있지만 더 많은 수익을 올릴 수 있다면 기간을 늘려도 상관없다. 부지매입의 경우 최소 1개월은 열심히 찾아야 한다. 매일 계속 찾다 보면 정말 좋은 부지가 저렴하게 급매로 나오는 경우가 있다. 그러한 부지를 매입해야 수익률이 높다. 건축 부지 비용은 전체 사업 비용에서 절반 정도를 차지하기 때문에 신중을 기해야 한다. 그리고 분양을 높은 가격에 해야 한다. 비싸게 팔수만 있다면 인테리어에 비용을 들여야 하고 분양하는 영업팀에게 비용을 지불해야 한다. 그리고 너무 급하게 처분할 것이 아니라 시간이 걸려도 목표하는 분양가에 판매해야 한다. 분양기간은 최소 3개월에서 6개월까지는 잡고 진행하는 것이 좋다.

그 이전에 준공대환대출이 나오기 때문에 자금문제는 해결된다. 그 다음으로는 건축 설계와 시공이 남아 있다. 이 부분은 설계 3개월, 시공 6~7개월로 잡으면 된다. 설계는 토지 잔금까지의 시간 동안 진행하는 것이고 시공은 착공 후 준공까지 스피디하게 진행해야 한다. 이렇게 하면 약 1년 만에 토지매입에 준공까지 진행할 수 있다.

(6) 시공사 CM과 PM 서비스가 있어 간편하다

CM은 건축 관리(Construction Management) 서비스이다. 건축주가 건축 시공에 관련된 공정, 인력, 자재 등을 구체적으로 관리해 주고 최소 비용으로 튼튼하고 디자인적으로 우수한 건축물을 지을 수 있도록 도와준다. 개인이 직접 진행하는 것보다 전체 비용이 오히려 줄어드는 효과가 있다.

PM은 프로젝트 관리(Project Management) 서비스이다. CM서비스뿐만 아니라 시행 부지를 찾는 것부터 시공, 설계, 대출, 분양, 임대, 변호사 자문까지 원스톱으로 진행하여 확실한 출구전략을 만들어 준다. 혼자서 하기 힘들거나 직장 또는 사업으로 바쁘신 분들에게 필요한 서비스이다. 그렇다고 모든 것을 맡기는 것은 아니다. 최종 의사결정권은 건축주에게 있다.

서울, 수도권, 인천 지역과 같이 일자리와 인구가 집중되어 수요가 꾸준하고 안전한 곳으로 시행 부지를 찾고 있다. 그 외 지역은 가급적 피하고 있다.

CM, PM은 건축주 대행 업무이다. 경험이 많은 PM(Project Manager)를 선정해서 건축 사업이 원활하게 진행될 수 있도록 해 준다. 실제 건축주가 되어서 지속적인 시행과 디벨로퍼로 꾸준히 활동하실 수 있도록 도와준다. 나중에 몇 번만 해 보면 스스로 직접 할 수 있다.

건축PM 업무

1. 건축 부지 찾기: 인허가 절차나 기간을 산정해야 하고 공사비나 공사 기간을 추정해야 한다.
2. 가설계 및 수지 분석: 일반인이 가설계를 하면 비용이 많이 나간다. 전문가를 통해 하는 편이 훨씬 편하고 비용이 절감된다. 잘못된 분석으로 수익률에 차이가 날 수 있다.
3. 부동산 계약: 철거 및 명도를 관리한다.
4. 설계사 계약: 설계업체 선정 및 설계 진행사항을 관리한다.
5. 인허가 도면 검토: 건축허가, 착공신고, 설계변경허가, 사용승인일정을 관리한다.
6. 직영 건축: 공법 및 마감자재 검토, 공사비 및 공사 기간 검토, 시공사 선정 및 계약, 설계변경 사항 및 공사비 증가요인을 억제한다.
7. 금융 PM: 토지대출과 건축대출을 소개한다.
8. 공정 관리: 준공 및 유지관리 건물하자 확인 및 조치, 건축허가조건 이행 여부 확인 및 사용승인 인허가 관리, 장비 정상작동 유무를 확인한다.
9. 기성 관리: 공사 진행 관리와 기성 공사비 지급을 확인한다.
10. 분양 및 임대: 마케팅 지원, 주변 공인중개사와 협업한다.

이걸 처음에 혼자 독학으로 하면 10배 이상은 수업료를 낼 수 있다. 전문가와 함께 몇 번 지으면서 현장별로 건축노트를 작성해서 하다 보면 나중에 책도 낼 수 있을 정도의 전문가가 될 수 있다.

(7) 시공사와 싸우는 사례와 해결방법

시공사 선정 시 계약서에 반드시 넣어야 하는 사항은 시공사의 선정과 계약서 작성에 관해 이야기할 때 책임준공, 선급금이행보증서, 하자보수이행보증서 등을 이야기한다. 소규모 건축에서는 이러한 내용이 너무 이론적인 것 같다. 물론 브랜드를 지키려는 중견 또는 대형 건설사는 다르다. 결국은 돈이다. 돈이 많으면 좋은 거 다 넣으면 된다. 하지만 좋은 건물을 적당한 가격으로 짓는 게 목적일 것이다. 이러한 옵션 비용들을 모두 합치면 예상 투자금이 넘어갈 때도 있다.

차라리 해당 내용을 제외시키는 것이 더 유리하다. 왜냐하면 옵션에 대한 비용은 결국 건축주의 몫이 된다. 실무에서는 이러한 것보다 기성자금관리와 상세건축내역이 중요하다. 건축물을 공정별로 짓고 그에 따른 자금이 집행된다면 훌륭한 건축물을 적당한 가격으로 지을 수 있다. 공정이 지연된다면 건축주와 시공사가 모두 손해이기 때문에 그렇게 되지 않기 위해서 서로 최선을 다해야 한다. 공사를 진행하다 보면 중간에 건설사가 공사를 포기하고 빠질 수도 있다. 반대로 건축주가 공사자금 지급이 어려워져서 포기할 수도 있다. 이 모든 것이 기성자금관리로 충격 완화가 될 수 있다. 시공사가 빠지면 다른 시공사로 교체하면 될 것이고 건축주가 포기하면 시공사가 직접 마무리하든지 다른 건축주를 찾거나 유치권을 행사하면 된다.

기성자금관리만 잘된다면 어느 한 곳이 갑과 을이 되지 않고 다음 스텝을 밟을 수 있다. 그리고 상세건축내역이 중요하다. 기본적으로 신축의 범위는 착공에서 준공까지이다. 그래서 그 외 공정에 대한 내역의 포함여부를 확인해야 한다. 착공 전에 시작하는 철거 공사와 준공 후에 지속하는 마무리 공사의 포함여부를 확인하고 그에 따른 비용을 측정해야 한다.

(8) 설계사무소와 계약 시 유의할 점

설계사의 대응범위를 확인해야 하고 그에 따른 비용지급을 일한 것만큼 나눠서 주는 기성관리가 중요하다. 보통 별도의 언급이 없다면 설계사는 인허가까지를 주요 대응범위로 생각한다. 인허가를 받기 위해 도면을 작성하는 중에도 건축주와 설계사가 만나서 여러 차례 토론을 하며 변경사항들을 도면에 반영해야 한다. 그 부분은 구체적으로 기입해야 하며 인허가 이후에도 시공 중에 변경되는 부분은 수시로 반영하고 건축주나 시공사가 법규 관련 내용을 문의했을 때 법규에 대해 가장 많이 알고 있는 설계사 측에서 대응을 해 주어야 한다.

그리고 준공 시에는 최종적으로 변경된 준공 도면을 제출해야 한다. 이 모든 것을 제어하는 방법에 신뢰라는 것이 있기도 하지만 오랫동안 함께한 관계가 아니라면 돈을 통한 기성으로 제어해야 한다. 예를 들면 계약금 10% 인허가 완료시 20% 착공 시 20% 준공 후 50% 등으로 나눈다면 건축주가 설계사를 제어할 수 있는 상황으로 이어 갈 수 있다. 그렇지 않고 마음이 약해져서 계약할 때부터 50%를 주며 시작하고 인허가 후에 40%를 지급하고 착공 때 나머지 10%를 모두 준다고 하면 주도권을 설계사에게 빼앗길 수밖에 없다.

돈 받을 때는 착한 천사가 되지만 돈을 받고 난 후에는 어떻게 될지 아무도 모른다. 너무 순진하게만 생각할 문제만은 아니다. 돈을 일한 것보다 너무 많이 미리 지급하지 않으면서도 밀리지 않게 일한 만큼 신속하게 딱딱! 지급하는 기성자금관리가 매우 중요하다.

시공사와 싸우는 이유와 사례 및 해결 방법은 하나의 공사를 진행하다 보면 세부 공정이 100가지가 넘는다. 그리고 구입해야 하는 자재만 해도 1,000가지는 넘을 것 같다. 이 모든 것이 상황변수들로 인해 비용 증가로 이어지게 된다. 시공사는 돈을 더 달라고 하고 건축주는 계약한 것과 다르지 않느냐고 하면서 서로 부딪히게 된다. 최근에 원자재 값이 많이 올랐다.

이처럼 철근, 단열재, 콘크리트 등의 자재 값이 계약 이후 공사 도중에 오르면 누가 감수를 해야 할까? 그리고 건축주가 공사 중간에 개입해서 요구사항을 바꾸게 되면 톱니바퀴처럼 엉켜 있는 세부공정들이 모두 꼬이게 된다. 결국은 기간이 늘어지고 비용이 증가한다. 또 도면을 변경하고 바꾸는 것이 아니고 말로 진행하는 요청이어서 결과물이 원하는 것과 다르게 나오는 경우가 많다. 일은 노가다꾼들이 하는 것이다. 다 뜯고 다시 해 달라고 하면 서로 곤란해진다. 그렇다고 원했던 것이 아닌데 그냥 보고만 있을 수도 없다. 때로는 시공사가 돈을 미리 써 버리는 경우도 있다. 이 사실을 감추고 그냥 공사를 하다 보니 돈이 부족하다고 하는데 어쩔 수 없다. 참 곤란한 상황으로 이어진다. 이러한 부분들을 해결하려면 2가지를 꼼꼼하게 챙기면 될 것 같다.

첫 번째는 건축주가 요구하는 사항을 착공 전에 확실하게 정해야 한다. 착공 이후에는 시공사에 맡겨서 변경사항 없이 일을 신속하게 진행시켜야 한다. 그게 돈을 버는 것이다. 그리고 두 번째는 자금을 기성으로 철저히 관리해야 한다. 미리 줘 버리면 다른 곳에 쓸 수도 있기 때문에 일한 만큼 계산해서 주는 것이 중요하다. 그렇다고 늦게 줘 버리면 공정이 꼬이므로 주의해야 한다. 한번 꼬인 공정을 다시 시작하려면 표면적으로는 드러나지 않지만 전체 일정이 최소 1개월 이상은 지연된다. 이러한 부분들을 꼼꼼히 챙긴다면 좀 더 원활하게 공사를 진행할 수 있다.

Part 4
부동산 세금 및 법률

1.
NPL 세금

　NPL부실채권 투자에 따른 배당수익에 대한 세금은 아직 세금 부과 대상이 아니다. 일반 경매는 1년 이내 단기 매매에는 양도차익 50%, 2년 이내 단기 매매 양도차익 40% 부과된다.
　부실채권은 매매차익에 대한 소득세가 없다. 소득세법은 채권 또는 증권의 환매조건부 매매차익만 이자소득으로 규정하고 있다. NPL법인을 양도양수 하는 경우 절세하는 방법이 있다.

　대부회사를 통한 부실채권 NPL경매에 공동투자해서 수익을 보면 세금이 나오게 되는데, 분리과세(비영업 대금의 이익)는 27.5%가 나온다. 합산수익 2,000만 원까지 종합과세에서 배제된다. 세금은 안전장치를 해 주는 담보의 설정에 따라 달라질 수 있다. 매매예약 가등기로 하면 기타소득세 22%가 나오고 근저당권질권 설정으로 하면 이자소득세 27.5%가 나오고 법인으로 투자 시 2억 이하는 11%, 2억 이상 넘어간 부분인 22%이다.

　취득세와 양도세는 유동화회사와 계약에서 시작되는 것이 아니라 낙찰가에서 결정되기 때문에 절세되는 부분이 많다.

  법인 매매 시 양도소득세가 절세가 되는데 법인 부동산을 매도하는 게 아니라 법인 주식을 매도하는 하는 방법이 있다. 1년 동안 분할해서 매매하는 방법으로 절세하는 방법도 있고 주식 양도 시 증권거래세(0.43%)를 내는 방법도 있다.

2.
2023년 주택 및 아파트 세금

취득세 세율(지방교육세 및 농어촌 특별세 포함)

취득원인	취득물건			조정대상지역	비조정대상지역
매매	1주택	6억원 이하	85㎡ 이하	1.1%	1.1%
			85㎡ 초과	1.3%	1.3%
		6억원 초과 9억원 이하	85㎡ 이하	(가액×2/3억원-3)×1/100×1.1	(가액×2/3억원-3)×1/100×1.1
			85㎡ 초과	(가액×2/3억원-3)×1/100×1.1+0.2%	(가액×2/3억원-3)×1/100×1.1+0.2%
		9억원 초과	85㎡ 이하	3.3%	3.3%
			85㎡ 초과	3.5%	3.5%
	2주택	6억원 이하	85㎡ 이하	8.4%	1.1%
			85㎡ 초과	9%	1.3%
		6억원 초과 9억원 이하	85㎡ 이하	8.4%	(가액×2/3억원-3)×1/100×1.1
			85㎡ 초과	9%	(가액×2/3억원-3)×1/100×1.1+0.2%
		9억원 초과 9억원 초과	85㎡ 이하	8.4%	3.3%
			85㎡ 초과	9%	3.5%
	3주택		85㎡ 이하	12.4%	8.4%
			85㎡ 초과	13.4%	9%
	4주택 이상		85㎡ 이하	12.4%	12.4%
			85㎡ 초과	13.4%	13.4%
	법인 취득 주택		85㎡ 이하	12.4%	12.4%
			85㎡ 초과	13.4%	13.4%
	농지		일반	3.4%	3.4%
			2년 자경	1.6%	1.6%
	위 외 부동산			4.6%	4.6%
증여	주택	1주택자가 배우자, 직계존비속에게	85㎡ 이하	3.8%	3.8%
			85㎡ 초과	4%	4%
		3억원 미만	85㎡ 이하	3.8%	3.8%
			85㎡ 초과	4%	4%
		3억원 이상	85㎡ 이하	12.4%	3.8%
			85㎡ 초과	13.4%	4%
	위 외 부동산			4%	4%

상속	주택	1가구1주택	0.96%	0.96%
		85㎡ 이하	2.96%	2.96%
		85㎡ 초과	3.16%	3.16%
	농지	일반	2.56%	2.56%
		2년 자경	0.18%	0.18%
	위 외 부동산		3.16%	3.16%
신축	주택	85㎡ 이하	2.96%	2.96%
		85㎡ 초과	3.16%	3.16%
	위 외 부동산		3.16%	3.16%

 2023년 부동산 취득세 과세표준이 실거래가 적용이 2023년 1월부터 실제 취득한 가액에 따라 취득세 납부된다. 6월 종합부동산세 기본 공제금액 상향되고 6억 원에서 9억 원으로 상향된다.

 6월에 2주택자 종합부동산세 중과 배제가 되면서 조정대상지역에서 2주택자 중과세율(1.2-6%)에서 일반세율(0.5-2.7%)완화된다. 과세표준 12억이 넘는 3주택 이상자는 생애 첫 주택 구입자 취득세 감면요건이 완화된다. 현재 생애 첫 주택 구입자 소득과 주택가격 상관없이 200만 원 한도 내에서 취득세가 면제된다. 3개월 내 입주하지 않으면 취득세 감면 분을 추징했으나 입주지연을 입증할 경우 추징대상에서 제외된다.

 생애최초주택 인정기준은 본인과 배우자 주택경험이 없어야 하고 예외는 상속주택 지분 보유 후 모두 처분해야 한다. 그리고 비도시지역 20년 초과나 85㎡ 이하 단독주택, 상속주택에 거주하다 처분하거나 시가표준 100만 원 이하 주택보유 및 처분해야 한다. 3개월 이내 취득주택에 전입 및 상시 거주해야 하며 다른 추가 주택(상속 주택은 제외) 취득 금지이다. 그리고 취득주택 매각, 증여가 금지된다. 다만 배우자 증여는 허용된다. 또 취득주택 임대 등 용도변경이 금지되니 확인을 잘 해야 한다.

양도소득세 이월과세 기간은 5년에서 10년으로 확대된다. 배우자 또는 자녀 등에게 부동산을 증여한 후 이월과세 적용기간이 지나고 매도하면 증여자의 취득금액이 아닌 수증자가 증여받는 가액으로 양도차익을 계산한다. 이 경우 취득금액은 높이고 양도차익은 줄어 양도세가 절세되는 효과가 있다. 2023년 증여건부터는 양도세 이월과세 적용 기간이 5년에서 10년으로 늘어나 절세 요건이 까다로워진다. 서민과 실수요자 주거안정을 위한 특례보금자리론이 출시되어 9억 원 이하 대출한도 5억 원으로 주택 구매 시 연 4%대 금리로 5억 원까지 대출을 받게 된다.

임차보증금, 경·공매 시 당해세보다 우선 변제받을 수 있다. 전세 사는 도중 집이 경·공매로 넘어가면 세금이 먼저 변제되고 남는 금액을 배분해 전세금을 돌려줬으나 앞으로는 국세 우선 변제 원칙에 예외를 적용해 세입자의 확정일자 이후 법정기일이 도래하는 세금이 있다 해도 세입자의 보증금을 먼저 변제토록 한다. 단 이러한 예외 조항은 임차보증금과 당해세 관계에서만 적용되며 저당권 등 그 외 다른 권리에서는 영향을 미치지 않는다.

부동산 공시가격 알리미(www.realtyprice.kr)에 들어가면 공동주택 가격이 얼마나 나오는지 확인할 수 있다. 세금 부분은 투자자로서 항상 확인하고 맞춰 보는 편이다.

취득세 중과세율은 다주택자가 반드시 알아야 할 세금이다. 중과세를 내더라도 매매가격이 상승하는 지역이라면 조정, 비 조정 관계없이 취 등록세도 투자금으로 보아도 된다.

1주택자 취득세율은 6억 이하 1%, 6~9억 구간 2%에서 단계별 상승률 적용되어 1,000만 원당 0.06~0.07% 상승된다. 다주택자는 취득세가 중과되어 2주택(비 조정지역 1~3%, 조정지역 8%), 3주택(비 조정지역 8%, 조정지역 12%), 4주택 이상과 법인과 증여(조정지역)는 12%가 된다.

주택 수 판정은 개인이 아닌 세대를 기준으로 판정한다. 1세대가 소유하고 있는 1세대의 주택 수 취득하는 주택이 조정대상지역에 있다면 2주택자부터 중과세율이 적용되고, 비조정대상지역에 있다면 3주택자부터 중과세율이 적용된다. 개인이 아닌 세대를 기준으로 판정한다는 사실이다.

생애 최초로 주택을 구입한 자에 한 해 2023년 12월 31일까지 취득세 감면인데 취득가액 1억 5,000원 이하 시 면제되고 초과 시 50% 경감된다. 2023년 부동산 취득세 과세 표준은 실거래가로 변경된다. 증여취득 취득세는 시가인정액으로 적용되고 시가인정액은 취득일 전 6개월부터 취득일 후 3개월 사이의 매매사례가액, 감정가액, 공매가격을 뜻한다. 월세 세액공제율 확대가 되어 서민들의 주거비 부담 완화를 위해 15%까지 월세 세액공제가 확대된다. 2023년 연말 정산분부터 총 급여 5,500만 원 이하 종합소득금액 4,000만 원 이하인 무주택 근로자 및 성실사업자는 월세 세액공제율이 최대 155로 상향된다. 근로소득 총 급여 7,000만 원 이하(종합소득금액 6,000만 원 이하)자는 기존 10%에서 12% 조정된다. 전세 원리금 상환액 소득금액 한도도 2022년 비해 100만원 높아진다.

분양권은 2021년 1월 1일 이후부터 취득하는 분양권은 주택 수에 포함되며, 2021년 1월 1일 이전이면 주택 수에 미포함이다. 2주택에 해당되지만, 분양권이나 입주권은 요건 만족 시 일시적 1세대 2주택 비과세 혜택을 받을 수 있다.

비조정대상지역에서 2년 이상 보유한 분양권을 2021년 6월 1일 이후에 양도하는 경우 양도 세율은 무조건 60% 중과세율 적용을 받는다.

종합부동산세(주택분) 세율

구분	과세표준	일반		조정대상지역 2주택 또는 3주택 이상	
		세율	누진공제액	세율	누진공제액
개인	3억원 이하	0.6%	-	1.2%	-
	6억원 이하	0.8%	60만원	1.6%	120만원
	12억원 이하	1.2%	300만원	2.2%	480만원
	50억원 이하	1.6%	780만원	3.6%	2,160만원
	94억원 이하	2.2%	3,780만원	5%	9,160만원
	94억원 초과	3.0%	1억 1,300만원	6%	1억 8,560만원
법인	금액 무관	3%		6%	

종합부동산세(주택 외) 세율

종합합산토지분			별도합산토지분		
과세표준	세율	누진공제액	과세표준	세율	누진공제액
15억원 이하	1%	-	200억원 이하	0.5%	-
45억원 이하	2%	1,500만원	400억원 이하	0.6%	2,000만원
45억원 초과	3%	6,000만원	400억원 초과	0.7%	6,000만원

종합부동산세 합산배제 장기임대주택

구분	호수	기간	면적	기준 시가	증액	비고
건설임대주택	2호	5년	149㎡	9억원	5%	민간건설임대주택은 18.3.31 이전 사업자등록등을 한 주택으로 한정
매입임대주택	1호	5년	-	6억원(3억원)	5%	민간건설임대주택은 18.3.31 이전 사업자등록등을 한 주택으로 한정
기존임대주택	2호	5년	국민주택	3억 (05년)	-	임대사업자가 05.1.5 이전부터 임대하고 있던 임대주택
미임대 민간건설임대주택	-	-	149㎡	9억원	-	과세기준일까지 임대사실이 없고, 그 미임대기간이 2년 이내일 것
리츠·펀드 매입임대주택	5호	10년	149㎡	6억원(08년)	-	08.1.1~12.31 취득 및 임대하는 매입임대주택(수도권 밖 위치)
미분양 매입임대주택^{주1)}	5호	5년	149㎡	3억원	-	08.6.11~09.6.30 최초 분양계약한 미분양주택
건설임대주택 중 장기일반민간임대주택등^{주1)}	2호	10년	149㎡	9억원	5%	
매입임대주택 중 장기일반민간임대주택등^{주1)}	-	10년	-	6억원(3억원)	5%	18.9.14 이후 1세대 1주택자가 조정대상지역 신규 취득 제외 20.6.17 이후 법인이 조정대상지역 사업자등록등 신청 제외

주1) 20.7.11 이후 아파트 또는 단기로 신규등록하거나 장기로 변경신고는 제외

    종합부동산세는 과세표준에 따라 0.5~2%까지 부과한다. 과세기준일 매년 6월 1일 현재 국내에 재산세 과세 대상인 주택 및 토지를 유형별로 구분하여 이별로 합산한 결과 그 공시가격 합계액이 각 유형별로 공제금액을 초과하는 경우 그 초과분에 대하여 과세되는 세금이다.

    중과세율은 조정대상지역에 있는 종전주택의 취득일로부터 1년이 되기 전에 신규주택을 취득하고, 다시 그날부터 3년 내 종전주택을 양도하는 경우 2주택 중과세율은 종전주택 취득 후 1년이 되기 전에 신규주택을 취득하면 일시적 2주택의 비과세 대상은 아니다. 하지만 신규주택 취득일부터 3년 이내 종전주택을 양도하는 경우는 중과세율을 적용받지 않는다.

양도소득세 세율

구분		1년 미만 보유	2년 미만 보유	2년 이상 보유
미등기		70%	70%	70%
주택	조정대상지역 2주택	70%	둘 중 큰 것 ① 60% ② 누진세율+20%p	누진세율+20%p
	조정대상지역 3주택 이상	둘 중 큰 것 ① 70% ② 누진세율+30%p	둘 중 큰 것 ① 60% ② 누진세율30%p	누진세율+30%p
	위 외 주택	70%	60%	누진세율
조합원입주권		70%	60%	누진세율
분양권		70%	60%	60%
비사업용 토지		둘 중 큰 것 ① 50% ② 누진세율+10%p	둘 중 큰 것 ① 40% ② 누진세율+10%p	누진세율+10%p
위 외 부동산		50%	둘 중 큰 것 ① 40% ② 누진세율	누진세율

양도소득세 누진세율

과세표준	세율	누진공제액
1,200만원 이하	6%	
1,200만원 초과 4,600만원 이하	15%	108만원
4,600만원 초과 8,800만원 이하	24%	522만원
8,800만원 초과 1억 5천만원 이하	35%	1,490만원
1억 5천만원 초과 3억원 이하	38%	1,940만원
3억원 초과 5억원 이하	40%	2,540만원
5억원 초과 10억원 이하	42%	3,540만원
10억원 초과	45%	6,540만원

장기보유특별공제율

일반				2년 이상 거주한 1세대 1주택			
보유기간	공제율	보유기간	공제율	보유기간	공제율	거주기간	공제율
3년	6%	11년	22%	3년	12%	2년	8%
4년	8%	12년	24%	4년	16%	3년	12%
5년	10%	13년	26%	5년	20%	4년	16%
6년	12%	14년	28%	6년	24%	5년	20%
7년	14%	15년 이상	30%	7년	28%	6년	24%
8년	16%			8년	32%	7년	28%
9년	18%			9년	36%	8년	32%
10년	20%			10년 이상	40%	9년	36%
						10년 이상	40%

양도소득세는 양도차익은 '양도가액-취득가액-필요경비'인데 과세표준은 '양도소득금액+양도차익-장기보유특별공제'이다. 과세표준은 '양도소득금액-기본공제'이다.

장기보유특별공제 거주요건에서 1세대 1주택 고가주택은 장기보유특별공제에 거주 기간 요건을 추가함에 따라 양도소득세는 거주 기간이 2021년 1월 1일 이후부터 적용된다. 공제율이 거주 기간 최대 40%이다. 2주택 이상을 보유한 1세대가 1주택 외 주택을 모두 양도하고 남은 1주택의 보유 기간은 처음 취득한 날부터 계산한다.

양도소득세 중과배제 장기임대주택

구분	호수	기간	면적	기준시가	증액	비고
민간매입임대주택^{주1)}	1호	5년	-	6억원(3억원)	5%	18.3.31까지 사업자등록 등
기존민간매입임대주택	2호	5년	국민주택	3억원	-	03.10.29 이전에 임대
건설임대주택^{주1)}	2호	5년	149㎡ 298㎡	6억원	5%	18.3.31까지 사업자등록 등
미분양 민간매입임대주택^{주1)주2)}	5호	5년	149㎡ 298㎡	3억원	-	08.6.11~09.6.30 최초 분양계약한 미분양주택(수도권 밖)
민간매입임대주택 중 장기일반민간임대주택등^{주1)주2)}	1호	10년	-	6억원(3억원)	5%	18.9.14 이후 1주택자가 조정대상지역 신규 취득 제외
건설임대주택 중 장기일반민간임대주택등^{주1)주2)}	5호	5년	149㎡	3억원	5%	
자진말소 장기임대주택	아파트·단기 자진말소되는 경우(임대의무기간의 2분의 1 이상을 임대한 경우)로서 1년 이내 양도하는 주택.					

주1) 아파트 또는 단기가 자동말소되는 경우에는 임대기간요건을 갖춘 것으로 봄
주2) 20.7.11 이후 아파트 또는 단기로 신규등록하거나 장기로 변경신고는 제외

1세대 3주택(조합원입주권, 분양권 포함) 이상 중과 배제

① 수도권·광역시·특별자치시(군, 읍·면 지역 제외) 외 주택(기준시가 3억 원 이하, 주택 수 제외)
② 위 중과 배제 장기임대주택
③ 조세특례제한법 §97·§97의2 및 §98 감면임대주택으로서 5년 이상 임대한 국민주택
④ 종업원에게 무상제공하는 사용자 소유 주택으로서 당해 무상제공기간이 10년 이상인 주택
⑤ 조세특례제한법 §77, §98의2, §98의3, §98의5~§98의8, §99, §99의2 및 §99의3 감면주택
⑥ 문화재주택
⑦ 상속받은 주택(상속받은 날부터 5년이 경과하지 아니한 경우에 한정)
⑧ 저당권 실행 또는 채권변제 대신 취득한 주택으로서 취득일부터 3년이 경과하지 아니한 주택
⑨ 어린이집 5년 이상 사용하고, 사용하지 아니하게 된 날부터 6월이 경과하지 아니한 주택
⑩ 1세대가 ①부터 ⑨까지 주택을 제외하고 1개의 주택만을 소유하고 있는 경우 해당 주택
⑪ 조정대상지역 공고 이전에 양도하기 위하여 매매계약을 체결하고 계약금을 지급받은 주택
⑫ 보유기간이 10년 이상인 주택을 20.6.30.까지 양도하는 경우 그 해당 주택
⑬ 1세대가 1주택을 소유하고 있는 것으로 보거나 1세대 1주택으로 보아 비과세가 적용되는 주택

1세대 2주택(조합원입주권, 분양권 포함) 중과 배제

① 위 1세대 3주택 이상 중과 배제 ①부터 ⑨까지의 주택
② 취학·근무·요양에 따른 다른 시·군 주택(기준시가 3억 원 이하, 1년 이상 거주, 해소 3년 이내)
③ 취학·근무·요양에 따른 수도권 밖 주택(해소 3년 이내)
④ 1주택자가 1주택 60세 이상 직계존속 동거봉양 위해 합가한 경우
⑤ 1주택자가 1주택자와 혼인한 경우(혼인 5년 이내)
⑥ 주택 소유권 소송이 진행 중이거나 해당 소송결과로 취득한 주택(확정판결일부터 3년 이내)
⑦ 1세대 1주택자가 다른 주택을 취득한 경우 종전의 주택(다른 주택을 취득한 날부터 3년 이내)
⑧ 기준시가 1억원 이하인 주택. 다만, 정비구역 지정·고시된 지역 또는 사업시행구역 주택 제외
⑨ 1세대가 ①부터 ⑧까지 주택을 제외하고 1개의 주택만을 소유하고 있는 경우 그 해당 주택
⑩ 조정대상지역 공고 이전에 양도하기 위하여 매매계약을 체결하고 계약금을 지급받은 주택
⑪ 보유기간이 10년 이상인 주택을 20.6.30.까지 양도하는 경우 그 해당 주택
⑫ 상속주택과 일반주택 1개씩 소유하고 있는 1세대가 일반주택을 1주택으로 보아 양도하는 경우
⑬ 장기임대주택과 거주주택을 소유하고 있는 1세대가 거주주택을 1주택으로 보아 양도하는 경우

종부세는 1주택자 종부세 공제액을 9억에서 11억으로 상향되고 공동명의자는 공시가 13억 이상의 경우 공동명의 1주택 특례 신청하면 유리하다. 종부세율은 공정시장가액 반영률로 인해 연 5%씩 인상한다. 2022년에는 100% 적용되어 공시가격 현실화되며 공동주택 현재 69% 수준을 10년에 걸쳐 90% 수준으로 인상된다.

주택 수 범위는 2020년 8월 12일 이후 취득 분부터 주택 수 산정 시, 조합 입주권, 주택분양권, 주거용 오피스텔, 주택 수에 포함된다. 제외되는 경우는 공시지가 1억 이하 주택이다.

주택 관련 과세특례

구분	특례	내용	농특세
장기임대주택	50%(100%) 세액감면	86.1.1~00.12.31 신축 주택 또는 85.12.31 이전 신축 공동주택인 국민주택을 00.12.31 이전 임대 개시하여 5년 이상 임대	○
신축임대주택	100% 세액감면	99.8.20~01.12.31 신축 건설임대주택, 99.8.19 이전 신축 공동주택, 99.8.20 이후 신축 매입임대주택 중 99.8.20 이후 취득·임대 개시한 임대주택 또는 99.8.19 이전 신축 공동주택으로서 매입임대주택 중 99.8.20 이후 취득하여 5년 이상 임대	○
장기일반민간임대주택	50%(70%) 장특공제	20.12.31(민간건설임대주택 22.12.31)까지 공공지원민간임대주택·장기일반민간임대주택을 등록하여 8년 이상 계속 임대	X
장기임대주택	+2~10% 장특공제	민간건설임대주택, 민간매입임대주택, 공공건설임대주택 또는 공공매입임대주택으로서 장기임대주택을 6년 이상 임대	X
장기일반민간임대주택	100% 세액감면	18.12.31까지 취득 및 3개월 이내에 등록 후 10년 이상 계속하여 임대하는 공공지원민간임대주택·장기일반민간임대주택	○
미분양주택	양도세(20%), 종소세 선택	미분양 국민주택을 95.11.1~97.12.31 취득하여 5년 이상 보유·임대한 후에 양도	X
지방미분양주택	일반세율 및 장특공제특례	08.11.3~10.12.31의 기간 중에 취득한 수도권 밖 미분양주택을 양도	X
서울 밖 미분양주택	5년간 100%(60%)	서울특별시 밖 미분양주택 09.2.12~10.2.11(비거주자인 경우 09.3.16~10.2.11) 사업주체와 최초 계약 및 취득	X
수도권 밖 미분양주택	5년간 60%(80%, 100%)	10.2.11 수도권 밖 미분양주택을 11.4.30까지 사업주체와 최초계약 및 취득	X
준공 후 미분양주택	5년간 50%	사업주체가 준공후미분양주택을 11.12.31까지 임대계약 체결하여 2년 이상 임대한 주택으로서 사업주체와 최초계약 및 취득한 주택 또는 준공후미분양주택을 사업주체와 최초계약 및 취득하고 5년 이상 임대	○
미분양주택	5년간 100%	12.9.24 현재 미분양주택으로서 취득가액이 9억 원 이하인 주택을 12.9.24~12.12.31 사업주체와 최초계약 및 취득	○
준공 후 미분양주택	5년간 50%	준공후미분양주택으로서 취득가액이 6억 원 이하이고 주택의 연면적이 135제곱미터 이하인 주택을 사업주체와 15.1.1~15.12.31까지 최초계약 체결 및 5년 이상 임대	○
신축주택	5년간 100%	자기가 건설한 주택으로서 98.5.22~99.6.30(국민주택의 경우 98.5.22~99.12.31) 사용승인·사용검사 받은 주택 또는 주택건설사업자와 최초계약 및 취득	○
신축주택	5년간 100%	신축주택, 미분양주택 또는 1세대 1주택자의 주택으로서 취득 가액이 6억원 이하이거나 연면적이 85제곱미터 이하인 주택을 13.4.1~13.12.31 사업주체와 최초계약 및 취득	○
신축주택	5년간 100%	서울특별시, 과천시 및 분당·일산·평촌·산본·중동 신도시지역 외 지역에 있는 01.5.23~03.6.30 주택건설업자와 최초계약 및 취득한 신축주택 또는 사용승인·사용검사를 받은 신축주택	○
농어촌주택	소유주택제외 중과 배제	03.8.1(고향주택 09.1.1)~22.12.31 농어촌주택 등(취득 당시 2억 원(한옥은 4억 원) 이하)을 취득하여 3년 이상 보유하고 그 농어촌주택 등 취득 전에 보유하던 일반주택을 양도	X

1세대 1주택 비과세 특례

구분	기간	내용
일시적 2주택	3년 (1년)	종전주택 취득일부터 1년 이상이 지난 후 신규주택을 취득하고, 신규주택 취득일부터 3년 이내 종전주택을 양도하는 경우 (종전주택이 조정대상지역에 있는 상태에서 조정대상지역 내 신규주택을 취득하는 경우에는 신규주택 취득일부터 1년 이내에 그 주택으로 세대전원이 이사 및 전입신고를 마치고 신규주택 취득일부터 1년 이내 종전주택을 양도)
상속주택	-	상속주택과 일반주택을 1개씩 소유하고 있는 1세대가 일반주택을 양도하는 경우(상속개시 당시 동일세대인 경우에는 동거봉양 합가한 경우로서 합가 이전부터 보유하고 있었던 주택만 상속주택으로 본다) 여기서 상속주택은 피상속인이 상속개시 당시 2 이상의 주택을 소유한 경우에는 ① 소유한 기간이 가장 긴, ② 거주한 기간이 가장 긴, ③ 상속개시 당시 거주한, ④ 기준시가가 가장 높은 순의 1주택을 말하고, 공동상속주택은 ① 상속지분이 가장 큰 자, ② 당해 주택에 거주하는 자, ③ 최연장자가 소유한 것으로 본다.
동거봉양합가	10년	60세 이상의 직계존속을 동거봉양하기 위하여 세대를 합침으로써 1세대가 2주택을 보유하게 되는 경우 합친 날부터 10년 이내에 먼저 양도하는 주택.
혼인합가	5년	혼인함으로써 1세대 2주택을 보유하게 되는 경우 혼인한 날부터 5년 이내에 먼저 양도하는 주택. 60세 이상의 직계존속을 동거봉양하는 무주택자가 혼인함으로써 1세대가 2주택을 보유하게 되는 경우 혼인한 날부터 5년 이내에 먼저 양도하는 주택.
지정문화재	-	지정문화재·국가등록문화재 주택과 일반주택을 1개씩 소유하고 있는 1세대가 일반주택을 양도하는 경우
농어촌주택	- (5년)	피상속인이 5년 이상 거주한 상속주택, 이농인이 5년 이상 거주한 이농주택 또는 귀농주택으로서 수도권 밖의 지역 중 읍지역(도시지역안의 지역 제외) 또는 면지역에 소재하는 주택과 일반주택을 1개씩 소유하고 있는 1세대가 일반주택을 양도하는 경우(귀농주택은 취득일로부터 5년 이내에 양도하는 경우)
부득이한 사유	3년	취학, 근무상의 형편, 질병의 요양, 그 밖에 부득이한 사유로 취득한 수도권 밖에 소재하는 주택과 일반주택을 1개씩 소유하고 있는 1세대가 부득이한 사유가 해소된 날부터 3년 이내에 일반주택을 양도하는 경우
장기임대주택	-	장기임대주택(기준시가 6억 원, 10년 임대(20.8.18까지 등록 8년, 20.7.10까지 등록 5년), 임대료 등 증가율 5% 이하)과 거주주택(보유기간 중 거주기간이 2년 이상)을 국내에 소유하고 있는 1세대가 거주주택을 양도하는 경우(장기임대주택을 보유하고 있는 경우에는 생애 한 차례만 거주주택을 최초로 양도하는 경우에 한정한다) 다른 거주주택이 있는 거주자인 경우에는 직전거주주택의 양도일 후의 기간분에 대해서만 적용한다.
장기 어린이집	-	장기 가정어린이집(사업자등록 및 5년 이상 운영)과 거주주택(보유기간 중 거주기간이 2년 이상)을 국내에 소유하고 있는 1세대가 거주주택을 양도하는 경우. 이 경우 해당 거주주택을 가정어린이집으로 사용한 사실이 있고 그 보유기간 중에 양도한 다른 거주주택이 있는 거주주택인 경우에는 직전거주주택의 양도일 후의 기간분에 대해서만 적용한다.

상속세·증여세 세율

과세표준	세율	누진공제액
1억원 이하	10%	-
1억원 초과 5억원 이하	20%	1천만원
5억원 초과 10억원 이하	30%	6천만원
10억원 초과 30억원 이하	40%	1억 6천만원
30억원 초과	50%	4억 6천만원

증여재산공제

증여자	수증자	증여재산공제
배우자	배우자	6억원
직계존속(계부, 계모 포함)	직계비속	5천만원
	직계비속(만19세 미만)	2천만원
직계비속	직계존속(계부, 계모 포함)	5천만원
6촌 이내 혈촌, 4촌 이내 인척	6촌 이내 혈촌, 4촌 이내 인척	1천만원

상속공제

구분	공제금액	한도	비고
기초공제	2억원	-	
가업상속공제	가업상속재산가액×100%	20년 미만 경영 200억원 30년 미만 경영 300억원 30년 이상 경영 500억원	10년 이상 경영한 가업 영농상속공제 중복 불가
영농상속공제	영농상속재산가액×100%	20억원	가업상속공제 중복 불가
그 밖의 인적공제	① 자녀 수×5천만원 ② 미성년자 수×1천만원×19세까지 연수 ③ 연로자 수(65세)×5천만원 ④ 장애인 수×1천만원×기대 여명 연수		기초공제와 그 밖의 인적공제 합친 금액 과 5억원 중 큰 금액 공제 (배우자 단독 상속 제외)
일괄공제	5억원	-	기초공제 및 그 밖의 인적공제 합계액이 5억원 미만
배우자 상속공제	배우자 실제 상속받은 가액	둘 중 작은 것 ① (상속재산가액×배우자법정상속분)- 배우자 사전증여재산 과세표준 ② 30억원	5억원 미만이면 5억원 공제
금융재산 상속공제	순금융재산×20%	2억원	순금융재산 2천만원 이하는 전액 공제
재해손실공제	손실가액×100%	-	화재·자연재해로 멸실·훼손
동거주택 상속공제	상속주택가액×100%	6억원	① 10년 계속 1주택에서 동거 ② 10년 계속하여 1세대 1주택 ③ 동거한 직계비속(대습상속 포함) 상속

  증여세 과세대상은 피상속인이 거주자인 경우 국내외 모든 상속재산과 피상속인이 비거주자인 경우 국내에 있는 모든 상속 재산이다. 상속

개시일이 말일부터 6개월 이내 신고, 납부해야 한다. 상속재산가액과 사전증여재산을 더한 금액에서 비과세, 공과금, 채무, 장례비용은 상속공제가 가능하다.

2022년 부동산 세무일정인데 1월은 표준 단독주택 가격이 공시된다. 아파트나 다세대, 연립주택처럼 공동주택이 아닌 단독주택에 대한 가격을 공시하는 제도이다. 2월은 주택임대사업자 사업장 현황 신고 일정이 있다. 5월에 임대소득 신고하기 전인 2월에 미리 신고하는 제도이다. 홈택스로 직접 할 수 있다. 4월은 공동주택 가격 개별 단독주택 가격이 공시되는 달이다. 5월은 종합소득세 신고 납부하는 달이고 주택임대사업을 하고 있는 분은 5월에 임대사업소득세를 납부하셔야 한다. 보증금과 간주 임대료를 계산하여 그 금액을 기준으로 세금을 책정하고 납부해야 한다.

7월에는 지방세인 재산세를 납부해야 한다. 매년 6월 1일 기준으로 본인이 소유하고 있는 건축물, 토지 등에 대한 세금을 납부하는 것인데 건축물의 경우 매년 7월 16일부터 7월 31일 납부해야 하며 토지의 경우 매년 9월 16일부터 9월 30일까지 납부해야 한다. 12월은 국세인 종합부동산세를 납부하는 달이다. 매년 6월 1일이고 종합부동산세는 인별 과세이고 전국에 있는 주택, 종합합산 토지, 별도 합산 토지를 각각 납부해야 하다.

주택인 경우 공시가격 합계가 6억을 초과하는 것에 한 해 납부대상이 된다. 1세대 1주택자는 11억을 초과한 자에게 고지가 된다. 종합합산 토지는 5억을 초과하면 내야 하고 별도 합산 토지는 80억을 초과하면 내야 한다. 250만 원을 초과하면 6개월 이내 분납도 가능하다.

3. 신축 사업 시 세금

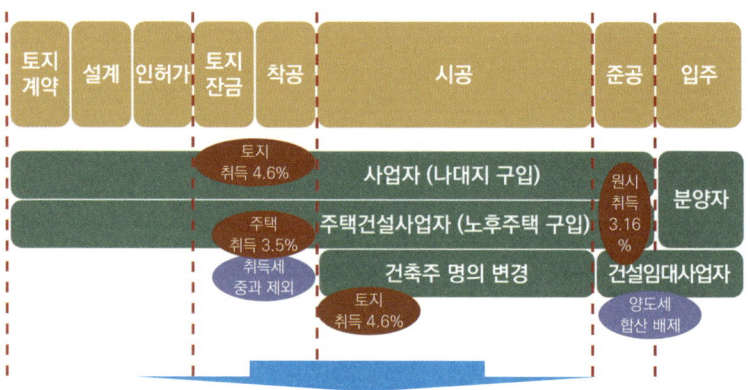

절세전략 중에 취득세(지방세 포함)는 다세대주택을 지을 경우 현재 살고 있는 주택에서 2주택(9%), 3주택(13.4%)로 늘어나면 취득세 중과인데 해결책은 주택건설 사업자를 내고 하는 방법이 있다. 그러면 취득세 3.5%로 중과에서 제외된다.

절세 전략 - 소득세 및 법인세

신축 다세대주택 분양

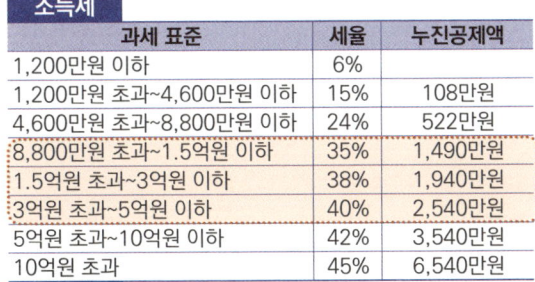

소득세		
과세 표준	세율	누진공제액
1,200만원 이하	6%	
1,200만원 초과~4,600만원 이하	15%	108만원
4,600만원 초과~8,800만원 이하	24%	522만원
8,800만원 초과~1.5억원 이하	35%	1,490만원
1.5억원 초과~3억원 이하	38%	1,940만원
3억원 초과~5억원 이하	40%	2,540만원
5억원 초과~10억원 이하	42%	3,540만원
10억원 초과	45%	6,540만원

법인세		
과세표준	세율	누진공제액
	10%	
2억원 초과~200억원 이하	20%	2,000만원
200억원 초과~3,000억원 이하	22%	4억 2,000만원
3,000억원 2억원 이하 초과	25%	94억 2,000만원

지방세
법인세 및 소득세의 10%

 부동산 매매업은 토지·건물 등 부동산을 목적물로 하여 매매(건물을 신축하여 판매하는 경우도 포함) 또는 그 중개를 사업목적으로 나타내어 부동산을 판매하거나 사업상의 목적으로 1과세 기간 동안 1회 이상 부동산을 취득하고 2회 이상 판매하는 사업을 말한다. 자기의 토지 위에 상가 등을 신축하여 판매할 목적으로 건축 중인 건축법에 의한 건물과 토지를 제3자에게 양도한 경우, 토지를 개발하여 주택지, 공업단지, 상가, 묘지 등으로 분할 판매하는 경우도 부동산 매매업의 범위에 포함된다. 반면 주택을 신축하여 판매하는 사업은 부동산매매업이 아니고 건설업으로 보며 이때 그 주택에는 주택에 부수되는 토지로서 건물이 정착된 면적의 5배 또는 10배를 넘지 않는 토지도 포함되는 것으로 한다.

또 주택의 일부에 상가 점포 등 다른 목적의 건물이 설치되어 있는 경우에 주택의 면적이 다른 목적의 건물과 같거나 그보다 큰 경우에는 그 전체를 주택으로 보고 그보다 적은 경우에는 그 전체를 주택으로 보지 아니한다. 부동산매매업자가 토지나 건물을 매매하는 때에는 그 매매차익은 양도소득이 아니고 사업소득이 된다. 그리고 토지 등 매매차익을 그 매매일이 속하는 달의 다음 달 말일까지 주소지 관할 세무서장에게 토지 등 매매차익예정신고를 하여야 하며 이때 주민등록등본, 당해 자산의 매입에 관한 계약서 사본 및 매도에 관한 계약서 부본과 토지 및 건물대장등본, 설비비, 개량비, 자본적 지출액 및 양도비명세서, 감가상각비명세서 등과 같이 제출하여야 한다. 부동산매매업으로부터 생긴 소득도 모두 종합소득에 합산하여 과세되는 것이나 양도소득과 사업소득의 세율 차이로 인하여 그 세액계산에 특례를 규정하고 있다.

부동산 매매업은 1년 안에 1개 이상 매입하거나 2개 이상 팔아야 부동산매매업으로 인정해 주고 양도소득이 아닌 사업소득으로 계산되며, 양도차액에 대한 세금은 양도소득세율이 아니고 종합소득세로 세금이 부과된다고 한다.

주택 신축 판매업이라고 있다. 부동산을 신축해서 판매하는 사업이 부동산 시행 사업인데 소득세법으로 나눠 보면 주택을 신축하여 판매하면 주택 신축 판매업이고, 기존 주택을 매입하거나 상가를 신축이나 매입하여 매매를 업으로 하는 경우 부동산 매매업이다.

주택신축 판매업의 취득세는 1~3% 부동산 매매업의 취득세는 4%이다. 건물 완공 후 보종 등기 시 취득세는 2.8%로 동일하다. 분양 시

사업자는 건물 분 부가세 납부의무 10%가 있다.

다만 주택 신축판매업의 경우 85㎡ 이하 국민 주택은 부가세 면제이다. 양도차익과 관련 규모에 관계없이 모두 양도소득세가 아닌 일반사업소득세가 적용되어 동일하다. 다만 매매차익 예정신고와 납부의무가 있다. 신축이 아닌 기타 부동산 매매업의 경우 조정대상 지역이나 주택이나 비업무용 토지 등 일정 부동산 매매의 경우에는 세액 계산 특례 규정(사업소득세와 양도소득세 중 높은 것 적용, 소득세법 제64조, 시행령 제122조)이 적용된다. 다만 법인사업자의 경우는 적용되지 않고 법인세법에 별도의 규정이 있다.

부동산임대업은 부동산을 조성 혹은 개량(improvements on land)을 한 후, 필요한 사람에게 빌려주는 활동이다. 주거·상업·공업·농업·임업 또는 광업용 토지 및 지상건물, 기타 권리 등을 임대하는 산업으로 크게 나누면 주거용 건물임대업, 비주거용건물임대업, 기타부동산임대업으로 분류할 수 있다. 주체에 따라 민간임대사업자의 주택임대활동처럼 사인의 활동도 있고, 서울특별시의 시프트 아파트의 임대활동처럼 공적 활동도 있다.

부동산임대업은 부동산업 중에서 높은 사회성이 요구되는 산업이다. 왜냐하면 어떤 용도의 부동산을 필요로 하는 주체가 그것을 직접 소유하기 어렵거나 때로는 직접 소유할 수 없는 부동산도 있기 때문이다. 그래서 그러한 부동산을 사용할 주체가 있다면 합리적인 조건으로 임차가 가능해야 한다. 이 때문에 정부가 개입한다. 주택임대차보호법 등으로 통제하는 예를 들 수 있다.

다세대주택이나 빌라 상가건물 신축 등 신축분양 할 때 법인을 많이 만든다. 업태(건설업, 부동산업), 종목(주택신축판매업, 부동산 관련 컨설팅, 주택건설업, 부동산 개발업)으로 사업자등록증에 많이 등록한다. 법인 등기부등본 목적에는 건설업, 부동산업, 주택건설업, 주거용 건물 임대업, 주택신축판매업, 부동산신축판매업, 건설임대업, 부동산 매매 및 임대업, 주택매매 및 임대업, 주거용 건물 임대업, 상가운영 및 임대 사업을 기입하면 된다.

기존 주택을 모두 처분하고 은퇴 준비를 하는 분은 다세대주택보다 다가구주택을 매입하는 것이 유리하다. 왜냐하면 호수별로 구분등기가 돼 있는 공동주택인 다세대주택과 달리 다가구주택은 '단독주택'이기 때문이다. 따라서 1가구 1주택자가 9억 이하 주택을 2년간 보유하면 양도소득세 비과세 혜택을 받을 수 있다. 본인이 주택이 한 채 이상 소유하신 분은 대체로 '다세대주택'이 유리하다. 왜냐하면 '주택임대사업자'로 등록하면 각종 세제 혜택도 받을 수 있기 때문이다.

Part 5
부동산 대출 전략

1.
신축 사업 시 부동산 대출 종류 및 금융 흐름도

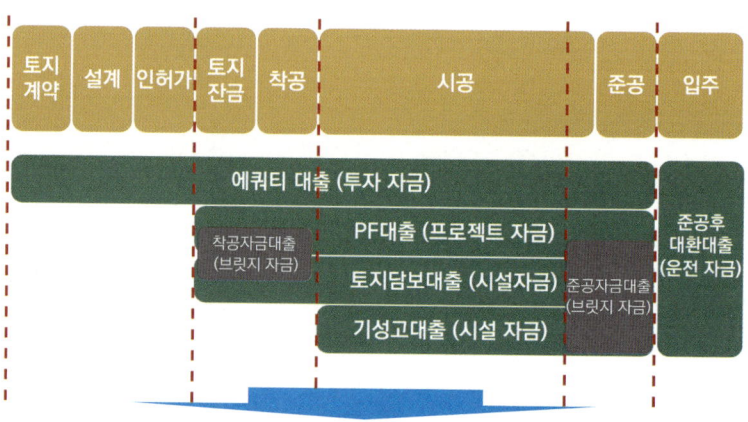

신축 사업 시 금융 흐름도를 알아보자.

1) 에쿼티 대출 및 투자

그 외 대출 – 투자 자금

대부업자, 투자자 에쿼티대출	- 대상: 건축 시행 - 사용 자금 범위: 시행 부지 계약 및 설계/인허가를 위한 자금 - 이자: 30% 이상 - 기간: 3년(시행 부지 계약~사업 완료) - 한도: 후순위 5~10%

    토지매입 단계에서 건축주가 토지매입 비용이 부족할 경우 투자를 받거나 에쿼티 대출을 한다. 디벨로퍼는 토지매입 금액의 10% 정도만 가지고도 신용이 있는 상태라면 투자를 받아서도 진행할 수 있다. 이건 정말 수지분석이나 가설계를 마치고 확신이 있는 상태에서 해야 한다. 사업계획서와 안전장치를 브리핑하고 기존 시행사례를 A~Z까지 준비한다면 할 수 있다.

2) 토지담보대출, 기성고 대출

기업 대출 – 시설 자금

2금융권 토지담보대출	- 대출 금리: 연 4.00~5.00%(22년 2월 기준) - 대출 기간: 만기일시상환 - 대출 한도: LTV 80%
2금융권 기성고대출	- 대출 금리: 연 6.00~7.00%(22년 2월 기준) - 대출 기간: 만기일시상환 - 대출 한도: LTV 70~80% ※ 대부분 직접공사비에 대해서만 지급됨

3) 토지 잔금을 할 때 토지담보 대출과 기성고 대출

　공사비대출과 토지대출은 담보가 있기 때문에 많이 나오고 건축자금 대출이 많이 나오는 이유는 건축도 산업이기 때문에 활성화시켜야 하는 목적이 있다. 공장을 돌리며 제품을 생산하려면 당연히 공장과 설비가 필요하듯이 주택을 생산하는 과정 자체가 공장을 짓는 설비를 세팅하는 것이다. 그래서 시설자금의 명목으로 많은 대출을 해 준다. 그나마 지금은 많이 줄어든 편이다.

　1970년대에는 돈이 없어도 건축이 가능했고 2000년대에는 98%까지도 대출을 해 주었다. 건축에서 부동산 대환대출은 준공 후에 건축자금 대출을 대환하는 용도로 받는다. 준공을 하면 부동산의 담보력이 상승하기 때문에 더 많은 자금이 대출된다. 그리고 담보대출이므로 금리도 더 낮다. 너무 많은 대출을 받아서 운영하지만 않는다면 별다른 유의사항은 없다. 그리고 신탁은 보증을 통해 신용을 얻는 것인데 상황별로 여러 가지 목적이 있지만 소규모 건축에서는 주로 은행의 건축자금 대출을 받기 위해 신탁을 활용한다. 부족한 신용을 신탁회사의 보증을 통해 채우는 것인데 그 판단은 대부분 은행에서 한다. 은행에서 신탁을 요구할 수도 있고 신탁을 받으면 괜히 수수료만 나가기 때문에 굳이 없어도 괜찮다고 판단할 수도 있다.

기업 대출 - 프로젝트 자금

2금융권 PF 대출 (프로젝트 파이낸싱)	- 대상: 200억 이상의 부동산 시행 사업 - 사용 자금 범위: 토지 매입부터 분양까지의 사업비 80~90% - 대출 금리: Tr.A 약 6%, Tr.B 약 15%, Tr.C 약 24% - 대출 기간: 한도대출, 만기일시상환 - 대출 한도: Tr.A 약 70%, Tr.B 약 90%, Tr.C 약 95% ※ 신탁 후 대출 ※ 대주단 결성

'기업대출-프로젝트 파이낸싱'인 PF 대출은 200억 이상의 부동산 시행 사업을 할 때 받는다. 꼬마빌딩에서는 PF 대출을 받기 힘들다. 대기업 증권사를 통해 많은 시행사가 전국의 시행 부지를 계약하고 대출받기 위해 노력하는데 자기자본 20%가 된 상황에서 사업성과 분양성, 도급 순위가 높은 시공사 책임준공 등 사업계획서, 수지표, 분양리포트, 상환계획서, 토지매매계약서, 토지매도의향서, 시공참여의향서, 토지 관련서류 및 인허가 서류가 들어가고 분양 시작 후 6개월 내 분양이 되는 수익 금액이 원리금을 초과해야 한다.

금융사는 대출 회수와 이자 수익에 목적이 있다. 돈을 빌려줄 때 자금조달의 기초를 프로젝트를 추진하려는 사업주의 신용이나 물적 담보에 두지 않고 프로젝트 자체의 경제성에 두는 금융 기법이다. 사업이 진행되면서 얻어지는 수익금으로 자금을 되돌려 받기 때문에 부동산 개발을 전제로 토지매입 자금대출, 형식상 수분양자 중도금대출, 부동산 개발 관련 기성고 대출, 부동산개발 관련 시공사에 대한 대출 중 사업부지 매입 및 해당 사업부지 개발에 소요되는 대출이 포함된다.

4) 브릿지 자금 – 착공자금대출, 준공자금대출

그 외 대출 – 브릿지 자금

대부업자, 투자자 착공자금대출	- 대상: 건축 시행 - 사용 자금 범위: PF대출 승인을 위한 자금 - 이자: 20~50% - 기간: 3~6개월(인허가~착공 후 PF대출) - 한도: 후순위 5~10%
대부업자, 투자자 준공자금대출	- 대상: 건축 시행 - 사용 자금 범위: 공정률 90% 현장의 준공을 위한 자금 - 이자: 50~100% - 기간: 3~6개월(공정률 90%~준공 후 대환대출) - 한도: 후순위 5~10%

착공자금대출, 준공자금 대출이 있다. 착공자금은 토지 계약금을 치르고 설계 및 인허가를 맡은 상태에서 PF 대출을 일으키기 위한 최소한 요건인 에쿼티 20%를 확보하기 위한 자금이다. PF 대출이 나오면 그 자금으로 상환되는 형태이다. 준공자금 대출은 준공까지 90% 정도의 공정이 완료되었을 때 나머지 10% 공정을 위한 공사자금을 대출받는 것이다. 준공 후 대환대출을 통해 상환되는 형태이다.

5) 운전자금 대출 - 사업자 주택담보대출, 준공 후 대환대출

기업 대출 - 운전 자금

2금융권 사업자주택담보대출	- 대상 주택: 제한 없음 - 대상 소득: 제한 없음 - 주택 수: 제한 없음 - 대출 금리: 연 6.00~13.00%(22년 2월 기준) - 대출 기간: 만기일시상환 - 대출 한도: LTV 90~99% ※ 직계가족 주택 연대 보증
2금융권 준공후대환대출	- 대출 금리: 연 5.00~6.00%(22년 2월 기준) - 대출 기간: 만기일시상환 - 대출 한도: LTV 70~80% ※ 신탁 후 대출

　사업자 주택담보대출과 준공 후 대환대출이다. 사업자 주택담보대출은 명목상으로는 기업자금의 운전자금 성격의 대출이지만 실리적으론 주택을 담보로 대출을 해 준다. 건축을 진행하는 중 자금이 부족할 경우 상환 계획을 세우고 해당 대출을 활용할 경우 유용하다. 준공 후 대환대출도 기업의 운전자금의 명목으로 건축물의 담보를 실리로 진행하는 대출이다. 금리와 한도 측면에서 유리한 운전자금 성격의 대출을 일으켜서 시설자금대출인 토지자금 및 건축자금을 모두 상환하며 갈아타는 형태이다.

2.
가계 대출 – 신용, 담보, 전세

가계 대출 – 신용대출

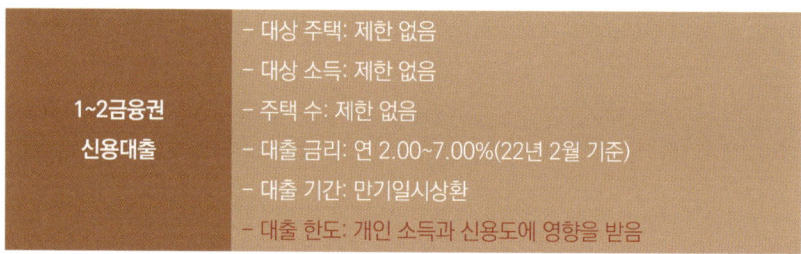

'가계 대출 – 신용대출'이다. 개인의 소득과 신용도에 따라 영향을 받아 대출이 나온다. 에쿼티 자금을 마련하거나 상환 계획을 세우고 활용하는 경우가 많다.

가계 대출 - 담보대출

HF 한국주택금융공사 적격대출	- 대상 주택: 9억 원 이하 주택 - 대상 소득: 제한 없음 - 주택 수: 실거주자 - 대출 금리: 연 3.50%(22년 2월 기준) - 대출 기간: 10~40년(비거치식) - 대출 한도: 5억 원, LTV 20~70%
1~2금융권 주택담보대출	- 대상 주택: 제한 없음 - 대상 소득: 제한 없음 - 주택 수: 실거주자 - 대출 금리: 연 3.50~5.00%(22년 2월 기준) - 대출 기간: ~35년(비거치식) - 대출 한도: LTV 20~70%

　가계 담보대출 중에 적격대출은 9억 원 이하 주택에 한정하여 대출이 되고 고정 금리가 변동 금리보다 저렴한 국가지원 상품이다. 대출한도도 5억 원까지 나오기 때문에 서울, 수도권에서 대출받을 때 알아보면 좋다. 은행과 금리와 대출 기간을 비교해 보아서 본인에게 맞는 상품을 선택하면 된다. 그래도 돈이 모자라면 1~2금융권에서 주택담보대출을 알아보면 된다. 주택이나 아파트투자나 실거주 시에 꼭 알아야 하는 상품이다.

가계 대출 - 담보대출

HF 한국주택금융공사 디딤돌대출	- 대상 주택: 5억 원 이하 주택 - 대상 소득: 부부합산 연 소득 6,000만 원 - 주택 수: 실거주자 - 대출 금리: 연 2.00~2.75%(22년 2월 기준) - 대출 기간: 10~30년(비거치식) - 대출 한도: 2억 5,000만 원, LTV 70% 적용
HF 한국주택금융공사 보금자리론	- 대상 주택: 6억 원 이하 주택 - 대상 소득: 부부합산 연 소득 7,000만 원 - 주택 수: 실거주자 - 대출 금리: 연 3.20~3.50%(22년 2월 기준) - 대출 기간: 10~40년(비거치식) - 대출 한도: 3억 6,000만 원, LTV 60~70%(방공제 없음) ※ 5억 원 이하 주택, LTV 70% 적용

실거주에서 자기 자본이 부족하면 필요한 대출을 많이 알아보면 좋다. 은행에서 이윤이 많이 남지 않기 때문에 소개를 하지 않는다. HF 한국주택금융공사(https:www.hf.go.kr)에서 하는 디딤돌 대출이 좋다. 5억 이하 주택만 가능하고 이율이 낮은 만큼 대출한도는 2억 5,000만 원이기 때문에 모자라는 부분은 보금자리론으로 알아보아야 한다. 이 상품은 6억 이하 주택에서 활용해야 하는데 5억짜리 아파트가 있으면 자기자본 1억 5,000만 원 있으면 대출받아서 진행할 수 있다.

가계 대출 - 전세대출

HF 한국주택금융공사 주신보전세자금	- 보증금 제한: 수도권 7억 원, 지방 5억 원 - 대상 소득: 소득의 3.5배 - 주택 수: 실거주자 - 대출 금리: 연 3~5%(22년 2월 기준) - 대출 기간: 만기일시상환 - 대출 한도: 2억 2,200만 원, 보증금의 80%
HUG 주택도시보증공사 안심전세대출	- 보증금 제한: 수도권 7억 원, 지방 5억 원 - 대상 소득: 제한 없음 - 주택수: 실거주자 - 대출 금리: 연 3~5%(22년 2월 기준) - 대출 기간: 만기일시상환 - 대출 한도: 수도권 4억 원, 지방 3.2억 원, 보증금의 80~90%
SGI 서울보증보험 서울보증전세자금	- 보증금 제한: 제한 없음 - 대상 소득: 소득의 10배에서 기대출 제외 - 주택 수: 실거주자 - 대출 금리: 연 3~5%(22년 2월 기준) - 대출 기간: 만기일시상환 - 대출 한도: 5억 원, 보증금의 80%

전세대출은 한국주택금융공사(HF)에서 지원하는 주신보 전세자금, 주택도시보증공사(HUG)에서 진행하는 안심전세대출, 서울보증보험(SGI)에서 진행하는 서울보증 전세자금 대출이 있다. 순서대로 이율이 올라가는 만큼 한도는 늘어난다.

가계 대출 - 전세 관련 보안 상품

HF 한국주택금융공사 임대보증금반환자금보증	- 대상 주택: 9억 원 이하 주택 - 보증 한도: 1억 원(주택당 5,000만 원) - 가입 시기: 계약만료일 전후 3개월 ※ 법인임대사업자는 취급 불가

전세 관련 보완상품이다. 아파트 전세레버리지 투자를 하다 보면 전세가가 하락할 때 전세 재계약 시 필요한 대출이다. 아파트는 버티면 전세가와 매매가는 올라가게 되어 있다. 팔지 말고 이 대출을 활용해서 버티면 된다. 거위의 배를 가르면 황금알을 계속 낳지 못한다. 주택 당 5,000만 원까지 대출이 가능하고 전체 한도는 1억 원이다. 주의사항으로는 법인은 대출이 불가하다.

3.
NPL질권대출, 경락잔금 대출 알아보기

　질권대출은 대부업법 제9조 4에 따라 채권양수 받을 수 있는지 자가 되어야 하고 CRS8등급 이상이 되어야 한다. 주거용부동산, 주상혼합, 상업용 건물, 및 특수부동산 중 일반숙박시설(모텔) 및 토지를 근저당권의 목적물로 하여 금융기관이 1순위로 설정한 근저당권부 채권에 한한다. 채무자가 대부업법 제9조의 4에 따라 채권양도가 제한된 자인지 확인하여야 한다. 금융기관 또는 이에 준하는 기관에서 보유하고 있는 담보부NPL채권 및 무담보NPL채권[채무재조정여신(개인회생채권, 신용회복채권) 포함] 매각에 입찰(또는 수의계약)하여 낙찰 받은 대부업체에 대하여 낙찰된 매입금액의 일부를 대출해 주는 상품이다.

　질권대출은 부실채권 소액 투자 방법이 가능하게 만드는 질권대출 이해하면 된다. NPL매입 후 제2금융권에서 NPL을 담보로 대출을 받는 방법이 있다. 대출 가능금액 한도와 이자 95%까지 대출 가능하고 이자는 연6% 초기에는 금리가 12%~15%인 것이 2020년 최근에는 6% 정도 수준으로 내려 왔다. 3% 이자를 받는 곳도 있다고 한다.

주의사항은 저당권자가 직접 낙찰받아 잔금납부에서 상계 처리하는 경우에는 질권자 동의 중요하고 질권대출이 되어 있는 저당권자가 낙찰을 받으면 경락잔금대출이 잘 되지 않을 수도 있다. NPL이라고 하여 정상대출을 기피할 수 있다. 경매진행 기간 중에 채무자가 회생을 신청하여 경매절차가 중단된 경우 이자비용이 늘어난다는 것 등이 있다. 이자 비용의 복병 확인해야 하고 소유자에 대한 송달이 되었는지 확인(누가 송달을 받았는지 구체적으로 확인이 필요하고 낙찰 불허가 등으로 지연되면 곤란하다.) 사전 확인의 필요성이 있고 모든 상품에 질권 대출이 나가는 것이 아니라 금융사가 요구하는 요건을 갖춘 상품(아파트)만 질권대출이 가능할 수도 있다. 사전에 미리 협상이 되어 있어야 할 것이다.

질권 대출 신청대상은 NPL채권 매각에 입찰하여 낙찰받은 대부업체이다. 대출기간은 NPL채권의 회수 일정에 따라 최대 60개월 이내에서 개별적으로 산정한다. 대출금리는 연 5.0~8.5%이며 은행별로 차이가 있다. 연체이자율은 연체이자율=약정 대출금리+연체가산이율(3%)(※ 이자율 상한: 연 20%이내)이며 대출한도는 NPL채권 매입금액의 90% 이내이다. 상환방식은 채권회수대금으로 불균등 분할상환(담보부NPL의 경우 경매배당금으로 일시상환) 하고 이자부과 시기는 매 1개월 후 취이며 중도상환수수료는 최대 연 2% 이내이다.

기한 전 상환대출금 × 기한 전 상환수수료율 × 대출 잔여일수 / 대출약정기간 (단, 대출 잔여기간 1개월 미만의 경우 기한 전 상환수수료 면제) 대출관련수수료는 기타수수료 : 주간사 자문수수료, 대리사무수수료 등 취급조건에 따라 부과되며 보증여부는 매입 대부업체의 최대주주, 지분 30%이상 대주주, 대표이사 등 대출 조건 심사 상 필요한 경우 보증한다. 구비서류는 채권양수도계약서, 대부업(매입채권추심업) 등록증, 기타 저축은행이 요구하는 서류이다.

대출금액	인지세	고객 부담	은행 부담
0 ~ 5천만원 이하	-	-	-
5천만원 초과 ~ 1억원 이하	70,000원	35,000원	35,000원
1억원 초과 ~ 10억원 이하	150,000원	75,000원	75,000원
10억원 초과	350,000원	175,000원	175,000원

채권담보권(근저당권부 질권) 관련비용은 채권담보권(근저당권부 질권)을 설정하는 경우 관련 비용의 부담은 다음 각 호와 같으며, 발생비용은 설정 금액에 따라 다르다.

가. 채권담보권(근저당권부 질권) 설정 등기를 하는 경우 : 은행

나. 채권담보권(근저당권부 질권) 말소 등기를 하는 경우 : 고객

(부동산담보신탁, 부동산관리신탁, 부동산처분신탁, 부동산개발신탁)으로 한다.

NPL대출은 5억 원의 법인일 경우 NPL매입 한도는 10배 범위 내 50억 원까지 가능하다. 부실채권 매입금액 90%를 대출받는다면 45억 원이다.

경락잔금 대출은 부동산 경매 또는 공매에서 낙찰을 받은 부동산을 위해 받는 잔금 대출을 말한다. 100만원의 부동산을 낙찰하기 위해 10~20%의 보증금을 먼저 지불하면 나머지 금액 90만원을 위해 대출

을 받는 것을 뜻한다. 경락잔금대출 한도 및 금리, 조건은 경락잔금대출은 금융기관마다 한도와 금리가 다르다. 경락잔금대출이란 부동산 경매 또는 공매에서 낙찰을 받은 부동산을 위해 받는 잔금 대출을 말한다. 쉽게 예를 들면 100만 원의 부동산을 낙찰하기 위해 10~20%의 보증금을 먼저 지불하면 나머지 금액 90만원을 위해 대출을 받는 것을 뜻한다. 경락잔금대출 한도 및 금리, 조건은 경락잔금대출은 금융기관마다 한도와 금리가 다르다. 따라서 여러 금융사에 경락잔금대출을 비교해 보고 가장 조건이 좋은 금융사에서 경락잔금대출을 받는 것을 추천드린다. 경락잔금대출은 보통 경락잔금대출의 한도는 KB부동산 시세의 70% 또는 낙찰가의 80% 중 낮은 금액에 적용되며 금리는 연 6% 내외 저금리로 측정되기 때문에 여러 금융사에 경락잔금대출을 비교해 보고 가장 조건이 좋은 금융사에서 경락잔금대출을 받는 것을 추천드린다.

비규제지역의 경우 보통 다음과 같은 대출 한도가 측정된다.

아파트: KB 부동산 시세의 70% 또는 낙찰가의 80% 중 낮은 금액이 대출된다.

빌라, 주택: 감정가의 70% 또는 낙찰가의 80% 중 낮은 금액이 대출된다.

다가구주택: 감정가의 70% 또는 낙찰가의 80% 중 낮은 금액에서 각 방공제가 적용된다. (방의 개수에 따라 감정가를 차감하는 것)

상가주택(근린주택) : 주거 부분 주거대출 적용(주택 수 증가) + 상가 부분 대출 적용된다. (감정가 70% 또는 낙찰가 80% 중 낮은 금액)

비주거용(오피스텔, 상가, 공장, 숙박시설, 토지 등) : 감정가 70% 또는 낙찰가 80% 중 낮은 금액이 적용된다. 경락잔금대출의 필요서류는 금융사마다 상이할 수 있으며 보통 요구하는 필요서류는 다음과 같다. 입찰보증금 영수증, 매각허가결정문, 낙찰대금 지급기한 통지서, 주민등록등본, 주민등록 원 초본, 인감도장, 인감증명서, 신분증 사본, 국세, 지방세 완납증명서, 사업자인 경우 사업자등록증 사본, 소득을 확인할 수 있는 자료이다. 대출한도는 가계자금 10억 원 이내, 사업자금 10-30억 이상, 법인자금 30-50억 이상이다.

낙찰 1년 후 최초 감정가 및 재감정 증액대출 담보비율 범위 내 산출비율에서 경락잔금 대출 후 최초 감정가나 1년 후 재감정가 담보비율 범위 내에 LTV로 추가대출이 가능하다. 저축, 수협, 농협, 신협, 부산, 대구, 제주, 전북, 광주, 새마을 금고나 대부업체에 문의하면 된다. 근저당권부 대출채권에 대한 질권 설정 통지를 해야 한다. 유동화자산법률에 의해 채권양수도시 양도인과 양수인은 채무자에게 2회 이상 내용증명으로 채무자에게 통보하게 되어 있다. 채권양수인은 채권서류에서 채무자의 연락처를 통해 채권양수인임을 밝히고 배당까지 기다리지 않고 자진변제를 유도하여 회수도 가능하다. 등기부등본에 계약양도 원인으로 근저당권 이전등기 변경을 해야 한다. 질권 설정의 절차는 권리신고 및 배당요구 신청하고 채권 원본서류를 질권 설정자에 반환하고 질권은행 질권설정 해제한 다음 질권 담보의 실행하고 배당요구를 하고 채무자에게 직접 청구하거나 압류 및 전부명령을 하고 채권 및 근저당권 양도계약을 한다.

NPL부실채권 질권 대출을 받은 경우 질권 설정자인 채권양수인이 채무자에게 질권 설정 통지서를 보내야 한다. 채무자가 채무변제를 하고자 하는 경우 질권자에게 질권 설정 금액만큼을 우선 변제해야 한다고 고지해야 한다.

단기간에 부자가 되는 비결은 대출이다. NPL투자는 대출레버리지가 핵심이다.

은행 때문에 더 빨리 부자가 될 수 있다. 은행에서 돈을 빌려준 사람이 안 갚아서 유동화회사에 팔고 대부회사는 부실채권을 사서 법적문제를 해결하고 정상화시켜서 다른 은행에서 경락잔금대출과 재감정대출로 수익을 낸다.

경락잔금대출이자는 환급받은 돈으로 내거나 임대를 해서 임차인 월세로 내고도 남는다. 그리고 임차인이 먼저 사가는 경우도 있고 필자가 임차인에게 월세 내지 말고 대출받는 방법을 알려 주고 이자를 내고 부동산을 보유해서 자산을 축적해 내라고 한다. 맥도날드는 직접 소유한 건물에 가맹점을 입점시켜 임대료를 받는 방식으로 수익모델을 만들었다. 2018년 500억 달러(약 56.5조)가 넘는 부동산 자산을 소유하면서 연 10억 달러에 가까운 임대료 매출을 올렸다. 햄버거 장사가 아니라 부동산 사업을 해야 하는 것이다.

그리고 감정가보다 싸고 자기자본을 조금만 들여서 좋은 대출레버리지로 부동산 자산을 늘리라고 한다. 자본주의 속성이다. NPL에서 대출을 두려워하면 안 된다.

사람들을 가난하게 하는 대출은 집 한 채 대출해서 평생 갚아 나가

다가 인생을 마감한다. 그러면 부자는 절대로 될 수 없다. NPL부실채권을 더 많이 매입해서 대출을 더 많이 일으켜서 회사를 돈 벌게 해 주는 파이프라인 시스템을 만들어야 한다.

담보부 질권대출은 저당권을 담보로 돈을 빌려준다.

질권대출 대출금액은 1순위 부실채권 매입채권 금액의 80%이기 때문에 채권회수 가능성을 높게 보고 빌려준다. 근저당권보다 우선해 배당받고 근저당권 등기에 부기등기를 하고 경매청구가 가능하기 때문에 은행입장에서는 안 해 줄 이유가 없다.

사건번호	2014타경6807	감정가	4,480,000,000
소재지	대구 달성군 가창면 삼산리 284-3	채권매입	1,670,000,000
물건용도	임야	낙찰가	
토지면적	127,257평 420,686㎡	질권대출	1,000,000,000
건물면적	86평 286㎡	투자금	670,000,000
매입방식	론세일	환급	
비고	채석장, 6개월 후 단기 매각	1년 후	
		재감정대출	
		매각가	2,400,000,000
수익률	109%	총수익	730,000,000

이 물건은 1순위 채권을 16억 7천만 원에 사 와서 10억 질권 대출하고 필자는 6억 7천 자기자본을 투자했다. 결과적으로 이 물건은 3개월에 투자금 회수하고도 7억 3천만 원 수익이 났다. 2금융권 위주로 대출이 이루어지고 있고 은행입장에서 담보가치, 개인의 신용도, 회사의 재무상태, 거래관계, 은행담당자와 신뢰관계에 따라 70-90%까지 이루어진다.

질권 대출 시 필요서류는 개인 신용 조회 동의서, 채권양수도계약서, 초본, 등본, 신분증, 인감도장, 인감증명서, 국세 완납증명서(세무서),

지방세 완납증명서(동사무소), 소득증빙자료(연간소득, 카드사용내역), 매입한 부실채권 내용, 경매사건교부 열람 자료가 필요하다.

Part 6
향후 유망한 부동산 투자 전략

1.
타운하우스 택지 개발

　주택 가격이 급격히 치솟고 삶의 질이 향상되면서 더 넓고 쾌적한 주택에 대한 수요가 증가하고 있다. 타운하우스와 같은 넓은 주택이 이러한 흐름에 딱 맞는 상품이라고 생각한다.

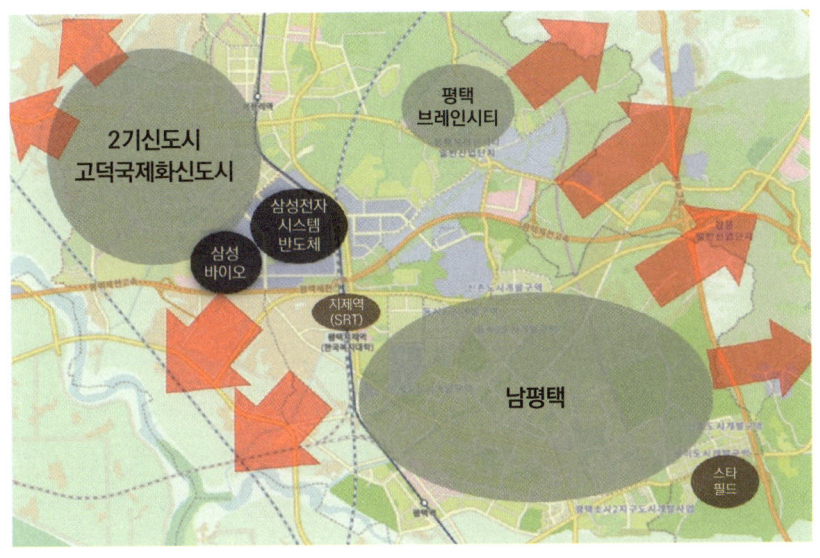

먼저 타운하우스를 지을 수 있는 지역적인 특징을 살펴보자. 위 그림과 같이 평택지역을 예시로 설명하면 다음과 같다. 다른 도시와 연결할 수 있는 SRT 지제역과 같은 고속철도 역이 생겨나 교통 여건이 마련되었다. 그리고 삼성전자 시스템 반도체 공장과 삼성 바이오 공장이 계획되면서 산업과 일자리가 생겨나고 인구가 유입될 수 있는 환경이 만들어졌다. 인구가 유입되면 거주할 수 있는 주택을 만들어 줘야 한다. 먼저 남평택에 대규모 아파트 단지들이 무려 7만 세대나 만들어졌고 입주가 완료되었다.

그다음으로 고덕국제화신도시가 5만 1,000세대의 공급을 목표로 만들어지고 있고 평택 브레인시티가 1만 6,000세대를 목표로 아파트 공급을 진행 중이다. 현재 평택의 인구수는 57만 명이 조금 넘는다. 평택시의 발표에 따르면 삼성전자 시스템 반도체 산업의 중심지로서 향후

2040년에는 인구수 100만 명에 가까워질 것이라고 한다. 이러한 이유로 최근 전국 최대 규모로 스타필드도 입주했다. 앞으로 인구수는 증가하고 주택은 지속적으로 부족해질 것이다.

이와 같이 대규모 산업의 입주로 인구가 증가하여 도시가 확장하는 곳에 타운하우스 택지 개발 사업을 하는 것은 큰 수익을 가져다줄 수 있다. 타운하우스는 주로 자연녹지지역에 지어진다. 자연녹지지역은 도시 확장의 완충 역할을 하는 곳으로 도시가 확장되면 주거지로 변화하면서 가치를 창출한다. 그래서 이러한 요건을 갖춘 평택과 같은 확장하는 도시에서 수익을 낼 수 있는 개발 사업이다.

자연녹지지역은 전, 답, 임야로 구성되어 있다. 아직 대지로 활성화되지 않아 건물을 지을 수 없는 토지이다. 개발 사업에 대해 잘 알지 못한다면 이러한 토지는 농사를 짓거나 임업을 할 수밖에 할수 없는 토지로 여겨질 것이다. 하지만 토지의 형질변경 및 건축물의 건축과 같은 개발 사업을 할 수 있다면 이야기는 달라진다.

원형지 | 택지 | 타운하우스

전, 답, 임야와 같은 원형지의 상태에서 토지의 형질변경을 통해 택지로 개발할 수 있다면 그것만으로도 토지의 가치는 상승한다. 이후 건축을 통해 타운하우스로 만들어진다면 또 한 번의 가치를 창출을 할 수 있다. 추가적으로 도시가 성장하면서 발생하는 시세 차익은 덤으로 가져갈 수 있다.

타운하우스의 개발 절차에 대해 살펴보자. 먼저 토지를 계약해야 한다. 임야나 전, 답 상태의 토지이므로 저렴하게 구입할 수 있다. 이후 토지의 형질변경에 대한 개발행위허가를 받고 토지 잔금을 지불하고 소유권을 이전한다. 본격적인 개발을 위해 착공을 하게 되면 4~5개월 간의 토목 공사를 통해 택지로 변화한다.

투자자의 입장이라면 택지로 변경되기 이전인 원형지 상태의 토지를 구입해야 한다. 최초 계약자로 토지를 취득할 수도 있고 분할된 하나택지 중 하나를 분양받아도 된다. 어느 쪽이든 괜찮은 투자가 될 것이다.

이후 타운하우스의 건축 공사가 시작된다. 건축 공사가 진행되기 전에 샘플하우스를 먼저 만들고 소비자는 샘플하우스를 보고 향후 만들어질 타운하우스의 분양을 받는다. 분양된 타운하우스는 건축을 진행하는데 그 기간은 준공까지 4~5개월이면 마무리되어 입주 가능한 상태가 된다.

이러한 타운하우스 택지 개발 사업의 향후 전망은 어떠할까? 구체적으로 살펴보면 많은 특장점이 있다.

첫 번째, 수요가 증가하고 있다. GDP 3만 불 시대의 선진국으로 접어들면서 생활수준이 향상되었다. 과거 아반떼를 운전했지만 최근에는 그랜저가 기본이 되었다. 앞으로 벤츠, 포르쉐와 같은 외제차를 쉽게 몰 수 있는 시대이다. 가방도 코치 브랜드의 가방이면 만족하던 시절도 있었다. 최근에는 대부분 루이비통 정도는 기본으로 가지고 다니고 더 나아가 샤넬이나 에르메스로 업그레이드되고 있다.

주택 또한 진화하고 있다. 더 넓고 쾌적한 곳의 주택을 선호하게 된다. 빌라보다는 아파트를 선호하게 되고 아파트 중에서도 신축을 원한다. 더 나아가 롯데타워와 같은 고급 주택에 거주하거나 타운하우스와 같은 70평 이상의 넓고 쾌적한 공간을 원하게 된다. 타운하우스는 생활수준의 향상에 따른 주거 만족도를 채워 줄 수 있는 주요 수단이다.

두 번째, 공급이 부족하다. 아파트는 주로 20평대 또는 30평대의 중소형 평수로 한정되어 건축된다. 20층 이상 되는 아파트 한 동을 통째로 큰 평수로 공급하기가 부담스럽기 때문에 가장 분양이 잘되는 30평대 아파트로 건축하는 것이다. 그래서 대형 평수의 아파트는 항상 부족할 수밖에 없다. 특히 2010년도 이후부터 생겨나기 시작한 소형평수 선호 현상으로 신축된 대형 평수는 거의 없다. 타운하우스는 이를 대체할 수 있는 아주 적합한 주거 상품이다.

세 번째, 도시에 있는 타운하우스는 아파트와 같다. 최근 동탄 신도시에 지어진 타운하우스의 경우는 도시에 위치해 있어 아파트와 같은 시세를 형성한 것을 알 수 있다. 학군과 상권의 주변 인프라를 누릴 수 있고 직장 출퇴근이 용이하다면 아파트와 다를 것이 없는 것이다.

이렇게 타운하우스는 많은 장점을 가지고 있고 시장에서 경쟁력 있는 상품으로 자리 잡고 있다. 산업이 확장되고 인구가 유입되어 도시가 성장하는 입지를 갖춘 곳에 원형지를 타운하우스로 개발하여 가치 창출과 시세차익을 모두 가져간다면 그 이상 매력적일 수 없을 것이다.

2. 대기업 증권사 에쿼티 브릿지 투자

아파트나 주상복합 오피스텔, 상가, 오피스 등 개발 사업에 참여하여 고수익의 금융 투자를 할 수 있다. 우리는 흔히 착공 시점이 되어야 분양을 통해 아파트의 개발 사업을 접하게 된다. 분양 이전의 과정을 살펴보면 토지를 구입하고 개발을 위한 설계를 한 후 인허가를 받아 착공으로 넘어간다. 이때 아주 중요한 순서가 남아 있다. 착공으로 넘어가기 전에 자금 확보가 되어야 한다. 보통은 증권사와 같은 대형 금융권을 통해 PF 대출을 받아 이를 충당한다. 20%의 에쿼티가 마련되면 80%는 PF 대출로 사업비가 마련된다. 우리는 여기서 20% 에쿼티 자금의 마련 과정에서 투자 기회를 잡을 수 있다.

　시행사는 토지를 확보하고 설계까지 마친 후 PF를 받기 위해 은행에 20%의 에쿼티를 증명해야 한다. 이것은 금융권에서 만든 룰이다. 1970년대에는 돈 한 푼 없이 시행 사업을 할 수 있었고 2000년대에는 에쿼티 5% 미만으로도 가능했다. 하지만 최근에는 20%의 에쿼티 룰이 공식화 되면서 해당 자금을 은행 잔고 증명해야 PF 대출을 진행할 수 있다. 시행사는 이 시점에서 20%의 잔고 증명을 위한 투자자금을 받게 된다. 이것을 흔히 착공 브리지 자금이라고 부른다. 기간은 대략 3~6개월이 소요되고 그에 따른 수익률은 월 2% 이상이다. 증권사에서는 PF 대출을 일으켜야 대출이자로 수익을 볼 수 있기 때문에 비공식적으로 시행사가 착공 브릿지 자금을 받을 수 있도록 서류를 만들거나 브리핑을 해 주는 형태로 돕고 있다.

　공사가 진행된 것이 아닌 행정적인 절차를 위해 제도적인 허점으로 발생한 상황이므로 아주 좋은 투자 수익의 기회가 될 수 있다. 여기서 주의해야 할 것은 내가 전문가가 아니라면 반드시 증권사에서 지원해 주는 곳에만 투자해야 한다. 증권사에서는 해당 사업지가 진행 가능성이 있는 곳인지 자금 흐름의 투명성이 확보되는 것인지를 모두 점검하기 때문에 우리는 그 위에 함께 동행하는 것이다. 이 투자로 2년간 30건 가까이 증권사에서 소개해 주는 투자를 했다. 330억 이상 투자했지만 한 번도 실패하지 않았다.

당일에 1%부터 월 2~3% 수익률로 투자하면 3~6개월 PF 대출이 나오면 투자금과 수익금이 나온다. 리스크는 공무원이 인허가를 늦게 내주거나 전 토지주와 문제가 생길 수 있는데 합의를 하거나 시간이 지나면 해결된다. 공동 투자자분들과 함께 투자했다. 같이하지 않았으면 진행하기 힘들었을 것이다. 투자금이 많이 들어가기도 하였고 투자자들과 함께여서 가능했다. 같이 공동 시행으로 더 많은 수익금을 나눠 가지길 기대해 본다.

3.
토지 개발

 토지 개발을 통해 아주 큰 부가가치를 창출하여 수익을 얻을 수 있다. 화성, 평택, 안성 같은 도시가 아직도 개발되는 곳에는 원형지의 토지들이 개발된다. 그래서 공법적인 분석을 통해 개발 가능한 곳의 토지를 확보해 두면 순차적으로 개발 압력을 받아 큰 가격 상승을 기대할 수 있다.

토지 공동 구입

 이러한 곳의 토지는 비교적 쉽게 찾을 수 있다. 산업이 활성화되어 있고 주변에 아파트가 들어서 있는 곳은 향후 개발 범위가 확장될 가

능성이 매우 높다. 이러한 흐름이 당연한 이유는 산업에 의한 일자리가 증가하고 인구 유입이 되기 때문에 주거지의 마련은 당연한 수순이 된다. 아파트와 같은 주택을 공급해야 하고 그에 따른 기반시설을 마련해야 한다. 한번 생각을 해 보자. 대단지 아파트가 있고 그 옆에 있는 토지가 전, 답, 임야의 원형지로 남아 있다면 그 토지가 농지나 임업의 용도로 활용되겠는가? 대도시 주변에 농사짓는 모습은 모순 현상이 아닐 수 없다. 그래서 그곳은 도시 성장을 전제로 반드시 확장되어 개발되고 가치가 상승하게 되어 있다.

혹시 개발이 지연되는 것을 걱정하는가? 이 부분은 시간이 해결해 준다. 도시가 확장된다는 것은 지속적인 지가 상승이 일어난다는 뜻이다. 그래서 시간은 나의 편이 된다. 시간이 지나면 지날수록 토지의 가치는 높아진다. 다만 앞서 언급했듯이 공법적인 해결책으로 토지의 형질변경 및 건축물의 건축에 대한 출구전략이 마련되어야 한다. 맹지를 구입하더라도 복잡한 권리 관계가 엮여 있는 경매 낙찰을 받더라도 이러한 출구전략을 확보하고 기본적인 권리 분석만 된다면 전혀 문제되지 않는다.

수익을 최대로 끌어올리기 위한 단계적 접근으로 살펴보면 입지분석을 통해 지역을 선정하고 그곳의 원형지 토지를 특수경매로 낙찰 받아 2년 이상 보유한 후 토지의 형질변경 및 건축물의 건축에 해당하는 개발행위를 통해 가치 창출을 하여 출구전략을 마련한다면 수익이 극대화될 것이다. 이렇게 경매, 입지분석, 토지형질 변경, 건축의 모든 부분을 익혀 활용한다면 부동산 투자에서 큰돈을 벌 수 있는 이점으로 작용할 것이다.

　안성에 토지 6,600평을 10억에 사서 1년 반 만에 20억 감정서를 받았다. 담보감정이 20억이라는 이야기는 시세는 30~40억 한다는 것이다. 수익이 날 수밖에 없는 이유는 토지 개발을 하는 방법이 있는데 2차선 도로 옆 맹지를 매입해서 도로를 개설해서 인허가를 낸다. 그리고 벌목을 하고 토목 공사를 완료하면 감정 후 대출을 하면 투자금 10억과 5년 치 이자를 수익으로 발생할 수 있다. 그 주변 토지를 사서 SK 하이닉스에서 보상을 받는다. 시세 80~100억도 가능하다.

　토지 투자는 일반적인 물건으로 3~5년 뒤 토지가격이 올라 수익을 내는 건 정말 어렵다. 기존 맹지를 사서 도로를 개설하는 것만이 수익이 엄청나게 상승한다. 배수로인 부분은 도로 점용구간을 미리 받아 흄관으로 교체하고 위에 포장을 해서 진출입로를 미리 만들어야 한다. 도로점용을 해서 단지 내 진입이 가능하게 한다. 진입도로 폭이 30m, 도로 점용구간은 80m이다. 도로와 구거점용이 맹지탈출의 핵심이다. 노하우나 현장경험이 10년 이상 되어야 가능하다.

　인허가를 받는 방법은 안성시면 시청 담당 부서, 개발행위부서, 도시과, 농정과, 산림과에서 협의를 다 끝낸 다음에 토지 계약을 해야 한다. 토목과 건축설계를 미리 협의해야 한다. 건축 인허가 할 때는 도로점용이 100% 되어야 한다. 2차선, 4차선, 사거리, 코너에서 도로점용은 생사를 오갈 정도로 중요하다.

안성맞춤 IC가 2023년에 생긴다. 1년 전 시세가 80만 원인데 2022년 실거래가 160만 원이 되었다. 본인이 발품을 팔고 주변상황을 알아서 다녀야지 가능한 것이고 주변의 흐름과 상황을 발전 호재를 경험을 해서 나에게 맞는 땅 자금에 맞는 땅을 알고 나서부터 시작하는 편이 좋다. 그리고 그 위에 건물을 지으면 출구전략을 만들 수 있다.

4.
아파트 재개발
(신통기획, 모아타운, 상생타운)

쉽고 간편하게 부동산 투자에 접근하고 싶다면 아파트 재개발을 추천한다. 윤석열 정권이 집권하면서 대부분의 지방자치 단체장을 보수 정권에서 석권했다. 앞으로 3년간은 재개발이 큰 이슈가 될 것이다. 기존의 아파트는 이미 너무 많이 상승했다. 재개발 투자로 저평가된 지역에 안전한 시세 차익을 확보하는 것이 좋아 보인다. 현 정부는 도심의 강력한 개발을 추진하는 것을 방향으로 정했기 때문에 그동안 움츠려 왔던 재개발 지역에 개발 가속도가 붙을 것이다. 지금이라도 시작하면 서울시에 신축 아파트를 확보할 수 있는 좋은 수단이 될 수 있다. 이미 프리미엄이 너무 많이 올랐다고 생각된다면 광역시도 괜찮다. 서울시 다음으로 도시가 완성되어 노후화된 도시는 부산이다. 아직 부산은 최근 10년간의 공급물량 과다로 저평가되어 있다. 지금이 진입하기 좋은 시기로 판단된다. 그 외에 대구, 대전, 인천도 좋아 보인다. 그리고 경기도의 오래된 도시인 수원, 성남, 안양 등도 지켜볼 만하다.

아파트 재개발 투자

서울의 경우는 재개발 구역의 법적 요건이 있다. 노후도가 3분의 2 이상(동수 기준) & 구역면적 1㎡ 이상이 되어야 하고 100가구 중 66가구가 노후된 주택이고 구역 면적이 3,300평이면 된다. 노후 주택은 철근콘크리트로 지은 집은 30년 이상인 20년 이상인 주택이다. 주택 접도율 40%, 과소필지 40%, 호수밀도 60세대가 되어야 한다. 부동산 플래닛(https://www.bdsplanet.com)에 가면 찾을 수 있다.

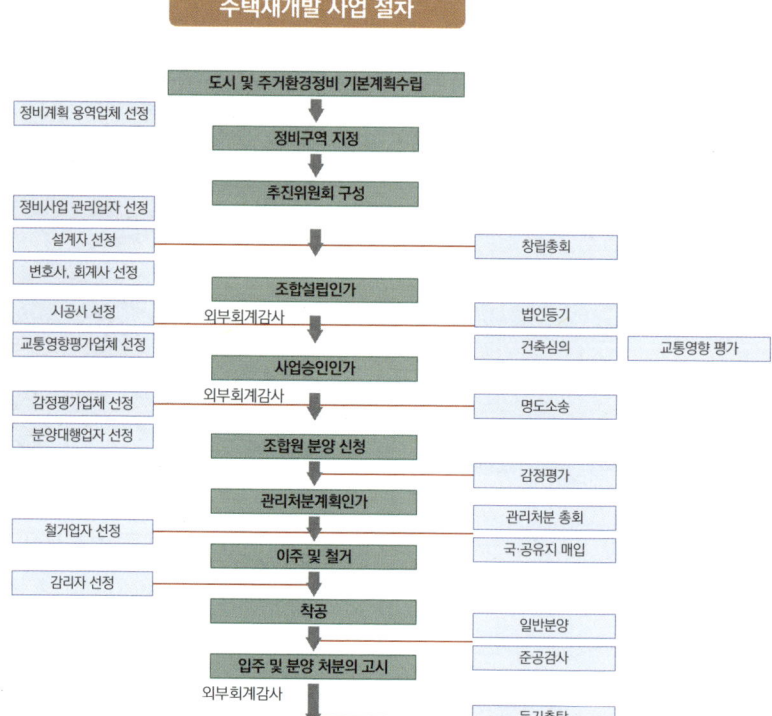

　아파트 재개발과 재건축의 차이는 재개발은 단독주택, 기반시설 등 취약지역에 하고 재건축은 아파트 위주로 많이 한다. 절차상 8~10년 정도 걸린다. 재개발은 승인과 인가 절차가 계획도 정확하게 해야 하다 보니 시간이 재건축보다 오래 걸린다. 여러 단계를 거쳐야 하다 보니 그 기간을 버틸 수 있는 사람만이 이득을 손에 얻는다.

　오세훈 시장이 서울 시장이 되어 부동산 정책 공약을 내세우며 신통기획, 모아타운, 상생타운 이렇게 3가지가 있다. 신통기획이란 신속통

합기획의 준말로 민간 주도로 재개발 사업을 진행하는 것이다. 민간 주도로 사업을 진행하지만 계획과 절차는 서울시가 지원하기 때문에 심의를 여러 번 걸칠 필요가 없어 재개발, 건축 사업이 빠르게 진행될 수 있는 장점을 지니고 있는 정책이다.

모아타운은 이웃되어 있는 다가구주택, 다세대주택 필지 소유자들이 개별필지를 모아 중층 아파트로 공동 개발하는 사업으로 노후 건물과 신축 건물이 섞여 재개발이 어려운 저층 주거지들을 묶어 아파트 단지처럼 관리하는 것이다. 서울은 절반 가까이 저층 주거지로 이루어져 있어 그 면적에 비해 활용을 못하고 있다. 모아타운을 실시하면 소규모주택정비사업 추진까지 시간을 단축시킬 수 있다.

서울시 주택정비 사업인 모아타운 대상지로 21곳 자치구가 지정되었다. 모아타운은 대규모 재개발이 어려운 10만m^2 이내의 노후 저층 주거지를 묶어 대단지 아파트로 개발하는 사업인데 규모가 작은 정비사업이라 재개발, 재건축과 달리 사업 속도가 빠른 편이다. 모아타운은 정비계획 수립, 조합추진위 승인, 관리 처분계획 인가 절차가 없다. 그래서 모아타운은 2~4년 안에 개발 사업이 마무리된다.

서울시 모아타운 대상지로 선정된 자치구는 어디인지 알려 주겠다. 종로구 구기동 100-48번지 일원, 성동구 마장동 457 일원, 사근동 190-2일원, 중랑구 면목3, 8동 44-6일원, 면목본동 297-28일원, 중화1동 4-30일원, 망우3동 427-5일원, 강북구 번동 454-61일원, 도봉구 쌍문동 524-87일원, 쌍문동 494-22일원, 노원구 상계2동 177-

66일원, 서대문구 천연동 89-16일원, 마포구 성산동 160-4일원, 망원동 456-6일원, 양천구 신월동 173일원, 신월동 102-33일원, 강서구 방화동 592일원, 구로구 고척동 241일원, 구로동 728일원, 송파구 풍납동 483-10일원, 거여동 555일원이다. 대상지 21곳은 해당 자치구에서 관리 계획을 수립한 뒤 서울시에서 주민공람, 통합심의를 거쳐 모아타운의 법적효력을 갖는 소규모주택정비 관리지역으로 지정될 예정이다.

모아타운 개발이 호재인 것은 맞지만 무조건적인 선택은 위험할 수 있다. 모아타운 대상지 지역들은 투기를 막기 위해 7월 23일을 권리산정기준일로 지정, 고시한다. 권리산정기준일까지 착공 신고를 마치지 않은 사업의 토지 소유자는 추후 모아타운 사업이 시행될 경우 현금청산 대상자가 된다. 권리산정기준일까지 착공 신고를 획득했더라도 조합설립인가 전까지 소유권을 확보해야 분양 대상이 될 수 있다. 그러니 개발호재만 보고 결정하기보다 매물에 대한 여러 정보를 확인해야 한다.

상생주택은 말 그대로 공공과 민간이 협력하여 서로 상생을 도모하는 정책으로 민간 토지 위에 공공주택을 건설하여 장기적으로 전세주택을 공급하는 공공주택을 말한다. 규제로 인해 개발이 어려웠던 민간 토지도 개발이 허용되어 적극적으로 활용할 수 있다.

에필로그

필자는 왜 부동산 투자와 사업을 이렇게 열심히 하는가 물어보면 세계지도만 보면 항상 설레고 가슴이 뛴다. 코로나19가 끝나면 빨리 가족과 함께 세계여행 프로젝트를 시작할 것이다. 현재 가장 기억에 남는 여행은 26살에 떠난 유럽 배낭여행이다. 영국 런던을 시작으로 프랑스 파리, 벨기에 브뤼셀, 네덜란드 암스테르담, 독일(프랑크푸르트, 쾰른, 본, 뮌헨, 베를린), 체코 프라하, 오스트리아 빈, 이탈리아(베네치아, 피렌체, 로마, 나폴리) 8개국 16개 도시를 2주 만에 다녀왔다. 어떻게 그게 가능하냐고? 책에 있는 명소에 가서 사진만 찍고 바로 이동하는 엄청난 일정이었다. 그래도 이렇게 여행하며 '인생은 정말 생각하는 대로 자유롭게 다닐 수 있겠구나'라는 생각이 들었다. 자신감이 붙으니 2010년에는 미국 여행도 2주간 떠났다. 뉴욕, LA, 샌프란시스코, 워싱턴, 라스베이거스 지금 생각해도 행복했던 기억이다. 호주와 두바이, 스위스, 베트남, 태국 등 여행 다녀온 걸 그 당시는 싸이 월드에 사진은 많이 찍어 놓았다.

다운로드받아 블로그에 올려 보겠다. 지금은 코로나19로 인해 잠깐 쉬고 있지만 가족들과 전 세계를 여행할 그날을 위해 열심히 돈을 벌고 있다. 전 세계는 242개국 1년에 1개의 국가씩 도전해도 다 못 간다. 국내도 다 못 가 봤는데 무슨 이야기냐고? 1년은 365일 생각만 하면 갈 수 있다. 매일 설레는 마음으로 열심히 돈을 벌고 생각하면 누구나 할 수 있다. 누군가 했다면 나도 할 수 있다고 긍정적으로 생각하는 분들만 꿈을 이루는 거다. 세계 일주를 언젠가는 가서 사진도 많이 찍고 유튜브도 찍어서 올리고 상상만 해도 행복하다. 코로나19 끝날 때까지 모두 건강 잘 지키고 먼저 국내 일주를 먼저 해야겠다. 아이들과 전국 명소를 다니며 역사 공부도 하고, 넓은 세상을 직접 보여 주며 세상이 아름다운 걸 보여 주고 싶다. 여러분도 원하는 걸 이루고 부동산 투자로 슈퍼리치가 되어 건물주가 되어 세계 일주를 떠나길 기원해 본다.